HEYNE FILMBIBLIOTHEK

Oliver Denker

STAR WARS

Die Filme

Originalausgabe

WILHELM HEYNE VERLAG
MÜNCHEN

HEYNE FILMBIBLIOTHEK
Nr. 32/244

Herausgegeben von Bernhard Matt
Redaktion: Rolf Thissen

BILDNACHWEIS

Alle Abbildungen stammen aus dem Archiv des Autors.

Copyright © 1996 by Wilhelm Heyne Verlag GmbH & Co. KG,
München
Printed in Germany 1996
Umschlagfoto: Bildarchiv Engelmeier, München
Rückseitenfoto: Bildarchiv Engelmeier, München
Umschlaggestaltung: Atelier Ingrid Schütz, München
Herstellung: H + G Lidl, München
Satz: Fotosatz Völkl, Puchheim
Druck und Verarbeitung: Ebner Ulm

ISBN 3-453-10864-7

Inhalt

VORWORT 7

DAS *STAR WARS*-WUNDER
oder Die Wiedergeburt Hollywoods 9

GEORGE LUCAS 19
Traumwelten

STAR WARS PREQUELS 30
George Lucas kehrt ins *Stars Wars*-Universum zurück

KRIEG DER STERNE 37
(Star Wars) Episode IV

THE MAKING OF *KRIEG DER STERNE* 43

DAS IMPERIUM SCHLÄGT ZURÜCK 75
(The Empire Strikes Back) Episode V

THE MAKING OF *DAS IMPERIUM
SCHLÄGT ZURÜCK* 83

DIE RÜCKKEHR DER JEDI-RITTER 110
(Return of the Jedi) Episode VI

MAKING OF *DIE RÜCKKEHR DER JEDI-RITTER* 118

DAS *STAR WARS*-UNIVERSUM 154
Die wichtigsten Begriffe, Charaktere und Schauplätze

DIE STARS 159
Mark Hamill 159
Harrison Ford 165
Carrie Fisher 174

JOHN WILLIAMS 184
»The Sound of *Star Wars*«

INDUSTRIAL LIGHT & MAGIC 188
Renaissance der Spezialeffekte

John Dykstra 192
Richard Edlung 195
Ralph McQuarrie 198

Bibliographie 204

Register 205

Vorwort

Eine Menge Erinnerungen kommen zurück, eine Welle der Nostalgie. Menschen, Orte, Dinge, an die ich seit Jahren nicht mehr gedacht habe. Alles kommt plötzlich wieder hoch, wenn ich versuche, mich an meine erste Begegnung mit *Star Wars* zu erinnern. Es war 1978. Ich hatte gerade meinen zwölften Geburtstag hinter mich gebracht und war kurz davor, in das ungewisse Reich der Pubertät einzutreten. Ein kleines Dorf, eine schwäbische Idylle, in der Nähe des Bodensees. Das nächste Kino war 20 Kilometer entfernt. Alles begann mit einem Photo der beiden Droiden R2-D2 und C-3PO in einer Fernsehillustrierten, die ich in einem Lebensmittelgeschäft durchblätterte. Der deutsche Kinostart von *Star Wars* war noch Monate entfernt. So etwas hatte ich noch nie gesehen. Das Photo faszinierte mich. Waren da Menschen in diesen Rüstungen, oder funktionierten diese Roboter wirklich? Es war ein Rätsel. Aber dann stellte ich die Zeitschrift wieder ins Regal und ging nach Hause, kehrte in mein normales Leben zurück. Oder so dachte ich. Wochen später, ein überfülltes Kleinstadtkino, an einem Dienstagnachmittag. Das Licht geht aus. Nach der Fox-Fanfare erscheint das *Star Wars*-Logo auf der Leinwand. Ein imperialer Sternenzerstörer schwebt majestätisch über die Kamera ins Bild. Meinem Mund entweicht ein kurzes »Ohhh ...«, ich versinke im Sessel-Blackout.
1997 steht nun das 20jährige Jubiläum von *Star Wars* ins Haus. 20 Jahre, das ist in unserer kurzlebigen Zeit schon etwas.
Der Geburtstag wird mit dem Kinostart einer überarbeiteten Fassung des Klassikers, einem »Update« gefeiert werden. Ich weiß nicht genau, was ich von diesem Konzept halten soll, das Kinofilme zu Software-Produkten reduziert.
Doch wird es schön sein, die beiden Droiden R2-D2 und C-3PO wieder auf der Leinwand zu sehen, auch wenn ich mich dabei verdammt alt fühlen werde.

Oliver Denker

Das *Star Wars*-Wunder
oder
Die Wiedergeburt Hollywoods

In Hollywood herrschte nie ein Mangel an Wundern.
Als *Star Wars* am 25. Mai 1977 in den USA in die Kinos kam, einen Tag vor dem Memorial-Day-Feiertag, dachte George Lucas, daß er genau wüßte, wieviel sein Film einspielen würde: 16 Millionen Dollar. Acht Wochen später hatte *Star Wars* 54 Millionen eingebracht – 125 Millionen nach heutigen Maßstäben.
Zehn Jahre später hat die Trilogie weltweit für 1,2 Milliarden Dollar Kinokarten verkauft und für 2,4 Milliarden Bücher, Spielzeug, T-Shirts, Poster und Unterwäsche – und die Filmindustrie für immer verändert.
Der Mittwoch vor dem Memorial-Day-Feiertag wurde in der Filmindustrie als der George-Lucas-Tag bekannt. Mit dem Erfolg von *Star Wars* begann die Industrie anders über sich zu denken. Merchandising, das die Studios bisher vernachlässigt hatten, verwandelte sich in ein lukratives Geschäft. Die Vorstellung, daß mit Science-fiction kein alter Hut zu gewinnen sei, flog aus dem Fenster. Man erkannte, daß Hitfilme auch ohne Stars und Bestseller zu machen waren. Die alte Kunst der visuellen Spezialeffekte wurde wiederentdeckt. Vor allem, es war die Geburtsstunde der *Blockbuster*-Idee und damit die Wiedergeburt Hollywoods.
Orson Welles hatte eine dunkle Vorahnung, was das Hollywood der Siebziger betraf: Rom mochte vielleicht brennen, doch Neros Orchester fiedelten wunderbar weiter. In seinem *Look*-Artikel verglich Welles das Hollywood der Siebziger mit einer »nervösen alten Dame«. »Sie braucht jugendliche Hände, um sie zu führen«, schrieb Welles.
Diese jugendlichen Hände kamen in der Gestalt von jungen Regisseuren, Drehbuchautoren und Filmemachern, die sich

aus den Filmschulen Amerikas nach Hollywood aufgemacht hatten, nachdem ihnen Dennis Hoppers *Easy Rider* dafür die Türen geöffnet hatte.

Diese Gruppe von Filmemachern wie Francis Ford Coppola *(Rain People, Godfather)*, Paul Marzursky *(Alex in Wonderland)*, Peter Bogdanovich *(The Last Picture Show)*, Bob Rafelson *(Five Easy Pieces)*, Steven Spielberg *(Sugarland Express)*, Martin Scorsese *(Mean Streets)*, John Milius *(The Wind and the Lion)*, Terrence Malick *(Badlands)*, Brian De Palma *(Phantom of the Paradise)*, John Hancock *(Bang the Drum Slowly)*, Michael Ritchie *(Smile)* und George Lucas *(American Graffiti)* ging als das *New Hollywood* in die Filmgeschichte ein.

Das alte Hollywood, das traditionelle Studiosystem, war in den sechziger Jahren gestorben. An dem Tag, als George Lucas 1965 sein Praktikum bei Warner Bros. antrat, räumte Jack Warner gerade seinen Schreibtisch. Das Studio war von Seven Arts übernommen worden.

Lucas wanderte durch leere, ungenutzte Studiohallen. Die einzige Produktion auf dem gesamten Gelände war ein kleiner Film namens *Rain People,* von einem Regisseur, der nicht viel älter als Lucas selbst war, Francis Ford Coppola.

Das Medium Fernsehen hatte den Studios hart zugesetzt. Alle möglichen Versuche, die Menschen wieder ins Kino zu locken, von Breitleinwänden bis hin zu 3-D-Filmen, waren gescheitert. Aber es war nicht nur eine technologische Niederlage, die Hollywood erlitten hatte, sondern vor allem eine inhaltliche. Die gesellschaftlichen Umwälzungen der sechziger Jahre hatten Amerika und die Welt grundlegend verändert. Diesen Veränderungen wollte Hollywood aber nicht Rechnung tragen. Die Studiobosse und Produzenten hatten den Kontakt zur Realität verloren. Ihre alten Zuschauerschichten blieben lieber zu-Hause vor dem Fernseher sitzen, und die Jugendbewegung fand sich in den Standardproduktionen Hollywoods nicht wieder. Die alten bewährten Genres, Stories und Stars hatten ihre Anziehungskraft verloren.

Die Werbekampagne für *American Graffiti* fragte die Zuschauer: »Wo warst du 1962?«, aber es spielte wirklich keine Rolle, wie die Antwort lautete. Selbst die, die keine nostalgischen Gefühle für die späten Fünfziger hatten und in deren High-School-Jahren es keine rollschuhlaufenden Kellnerinnen und Rennwagen und kein »Cruising« gab, waren nicht weniger bewegt von Lucas' unsentimentalem Tribut an das Phänomen der verlorenen Unschuld.

Lucas sagte über *Graffiti:* »Es gibt keine Message oder lange Rede, aber man weiß, wenn die Geschichte endet, daß Amerika eine drastische Veränderung durchgemacht hat. Die frühen Sechziger waren das Ende einer Ära. Es traf uns alle ziemlich hart.« Nun, falls Amerika jemals unschuldig gewesen ist, dann sicherlich nicht in dem Jahr nach der Schweinebucht-Invasion.

Lucas erzählte seine Geschichte (wie Scorsese in *Who's That Knocking?* und *Mean Streets*) zum Sound von zeitgenössischer Rockmusik und ließ die Handlung in einer einzigen Nacht spielen. Die *New Hollywood*-Gruppe zeichnete auf ihre Art eine persönliche Vision von Amerika, es waren persönliche Filme. Zu ungewöhnlich für Hollywood, doch man hatte keine Wahl.

Die Executives der Studios befanden sich im Blindflug. Der finanzielle Erfolg (50 Millionen Dollar) von Hoppers Low-Budget-Produktion *Easy Rider* hatte die Studios kalt erwischt. Nachdem die großen Majors auf ihrer Suche nach neuen Erfolgsrezepten gescheitert waren, kam da dieser Hippie daher und produzierte für ein paar Dollar einen Box-Office-Hit.

In ihrer Verzweiflung warfen sich die Studiobosse den Mitgliedern des *New Hollywood* an den Hals und ließen sie gewähren. Zu ihrem Glück war das *New Hollywood* nicht ganz so verschieden vom alten. Die jungen Filmemacher wollten Hollywood nicht endgültig zerstören, sondern nur einen höheren Grad an Unabhängigkeit. Der wurde ihnen zähneknirschend eingeräumt. Unabhängige Produktionsfirmen schossen wie Pilze aus dem Boden. 1970 hatten die Unabhängigen bereits einen Anteil von 43 Prozent an der Gesamtproduktion der Industrie, die Studios hielten die restlichen 57 Prozent. Die Zahl der unabhängig produzierten Filme stieg von nur 19 im Jahr 1968 auf 107 im Jahr 1972.

Was unterschied die Filmemacher des *New Hollywood* vom Rest der Filmindustrie? Wie ihre französischen und italienischen Kollegen waren sie sich sehr ihres Mediums und dessen Geschichte bewußt. Viele von ihnen waren ehemalige Filmstudenten (Lucas, Coppola, Scorsese, Spielberg, Milius), während andere aus den Reihen der Kritiker kamen. Im Gegensatz zu ihren europäischen Zeitgenossen hatten sie aber keine politischen Zielsetzungen (was Hollywood wahrscheinlich gerettet hat), die sie in ihrer Arbeit zu verwirklichen suchten.

Viele von ihnen bekamen ihre erste Chance, Regie zu führen, in einem von Roger Cormans B-Pictures (Coppolas *Dementia-13,* Scorseses *Boxcar Bertha,* Bogdanovichs *Targets*) und sind daher bis zum heutigen Tag vom Exploitation-Film fasziniert. Coppola, der einige Nacktfilme drehte, als er begann, spielt immer noch mit der Idee, einen pornographischen Film zu machen. Scorsese schämt sich nicht dafür, daß er, um für *Who's That Knocking* einen Verleiher zu bekommen, eine Nacktszene hineingeschnitten hat.

Das *New Hollywood* wurde kommerziell erfolgreich und begann auch bald, noch kommerziellere Filme zu drehen. Viele seiner Träume, wie die meisten Ideale der Sechziger-Bewegung, waren inzwischen an den gegebenen Realitäten zerplatzt. Warner-Chef Ted Ashley zerstörte die Hoffnungen von Coppola und Lucas, in San Francisco eine unabhängige Filmproduktion aufzubauen, indem er ihre Drehbücher ablehnte und die junge Firma *American Zeotrope* auf 300.000 Dollar Schulden sitzenließ.

Die Filmemacher hatten sich zwar ein gewisses Maß an kreativer Freiheit und Eigenverantwortung erarbeitet, doch die Studios hielten immer noch alle Fäden in der Hand. Ihre Ver-

Star Wars wiederbelebte das SF-Genre.

leihkanäle machten sie immer noch zur zentralen Schaltstelle der amerikanischen Filmindustrie. Niemand kam an ihnen vorbei. Selbst wer einen Film völlig unabhängig produziert hatte und mit ihm ins Kino wollte, mußte mit den Studios einen Verleihvertrag abschließen.

Und die meisten unabhängigen Produzenten nutzten die Studios als Geldquelle. Wenn ein Film von einem Major Studio produziert wird, nimmt das Studio die Hauptlast des Risikos auf sich, aber auch den meisten Profit. Bei einem unabhängig produzierten Film wird der Kuchen in viele Stücke geschnitten. Ein Indie (Independent Producer) kann aber auch mit einer gelungenen Präsentation oder einigen erfolgreichen Credits ein Studio dazu überreden, seinen Film zu finanzieren. Wenn dem Studio das Projekt gefällt, zahlt es dem Produzenten bis zu 25.000 Dollar für die Entwicklung des Drehbuchs. Viele Indies ziehen diese Variante vor, da sie sie von der Last befreit, größere Geldsummen auslegen zu müssen. Major Studios können Filme intern finanzieren, was den Vorteil hat, daß sie nach Beginn der Dreharbeiten keinen Investoren verantwortlich sein müssen und Verluste besser absorbieren können. Aber sie sind natürlich auch nicht immun gegen finanzielle Desaster. So wie ein Box-Office-Flop einen Indie zerstören kann, kann eine Serie von Flops ein Studio in seinen Grundfesten erschüttern. 1980 brachte das *Heaven's Gate*-Fiasko die schon angeschlagene United Artists zu Fall, und erst kürzlich mußten die zur Sony Corporation gehörenden Columbia/Tri Star Studios 2,7 Milliarden Dollar abschreiben, nachdem sie sich 1993 eine Serie Flops wie *Last Action Hero* und *Mary Shelley's Frankenstein* erlaubt hatten.

Offensichtlich haben Studios noch keinen Weg gefunden, die Popularität eines Films vorherzusagen. Aber sie können Trends bestimmen und errechnen, wieviel es kosten wird, den Film zu machen. Welche Zielgruppe hat ein Projekt, und wie groß ist sie? Was für ein Budget benötigt der Film, um eine Chance zu haben: ein kleines, mittleres oder großes Budget? Braucht der Film einen Star? Paßt das Projekt in die Produktionsstruktur des Studios? Wie soll der Film vermarktet werden? Was wird es kosten, den Film durch die Preproduction zu bringen?

Wenn all diese Fragen beantwortet sind, wird die wirkliche Kostenrechnung erstellt.

Studios tendieren dazu, Filme mit großen Budgets herzustel-

len, alles sozusagen auf eine Karte zu setzen. Wenn man aber erkennt, daß man bei der Einschätzung falsch gelegen hat, kann man nicht mehr viel tun. Wenn ein Film erst einmal in Produktion ist, ist er wie ein Zug, der einen Hügel hinuntersaust. Man kann ihn nicht mehr aufhalten.
Wenn der Film in die Kinos kommt, werden alle Karten aufgedeckt. Falls er durchfällt, wird mit dem Fingerzeigen begonnen. Die Executives hoffen dann, daß sie ihre Jobs nicht verlieren, und beten, daß der Auslandseinsatz sich als profitabler erweisen wird. Wenn der Film einschlägt, wird mit der Aufteilung der Profite begonnen.
Im Mai 1977 waren sich auch die Executives der 20th Century-Fox nicht ganz schlüssig, was sie von diesem seltsamen SF-Film halten sollten, dessen Kinostart unmittelbar bevorstand.
Star Wars war nämlich schwer in die Kinos zu bringen. Die Kinobesitzer waren nicht begeistert von Science-fiction-Filmen, und viele verglichen die Chancen von *Star Wars* mit dem Flop *Silent Running*. Das Vertrauen der Filmindustrie in einen Film zeigt sich durch den Betrag, den die Kinobesitzer zu erbringen bereit sind, um einen Film abspielen zu dürfen. *Star Wars* erbrachte nur 1,5 Millionen, statt der erwarteten 10 Millionen Dollar.
Nicht in der Lage, gute Kinos für *Star Wars* zu buchen, beschloß Fox, den Film in nur zwei Kinos in jeder größeren Stadt des Landes zu zeigen. Falls der Film dort gut anlief, würden ihn andere Kinos übernehmen.
Fox sparte sich das Geld für eine große Marketing-Kampagne und promotete *Star Wars* in Schülerzeitungen, lokalen Fernsehsendern und an den Universitäten. Als *Star Wars* startete, wußten sechs Millionen amerikanische Jugendliche davon.
Am 25. Mai 1977 lief *Star Wars* in nur 32 Kinos, die über das ganze Land verteilt waren. Der Film hatte aber pro Kino mehr Einnahmen als je ein Film zuvor in der Filmgeschichte. Innerhalb einer Woche rissen sich die zuvor so zurückhaltenden Kinobesitzer um den Film. Die Menschen standen in

Peter Cushing als Grand Moff Tarkin.

allen amerikanischen Städten in langen Schlangen um die Straßenblöcke, um eine Karte zu ergattern. Der Film brach alle Rekorde und wurde zu einem kulturellen Phänomen.
Die Ära des Blockbusters war geboren. Mit wenigen Ausnahmen, wie *Gone with the Wind,* hatte die Industrie so etwas noch nie erlebt. Plötzlich konnte ein Film mehr Geld verdienen, als die großen Namen der Vergangenheit – Ford, Capra, Hawks – zusammen (der Koproduzent von *Jaws/Der weiße Hai,* Richard Zanuck, meinte, daß der Film mehr eingespielt habe als alle Filme seines legendären Vaters zusammen). Das neue Phänomen revitalisierte Hollywood und die Filmpro-

duktion. Die Zielgruppe waren nun Jugendliche, die mit Fernsehen und Comics aufgewachsen waren. Die Filmemacher des *New Hollywood,* deren Visionen oft aus denselben Quellen stammten, schienen ihre Zuschauer in einer neuen und direkteren Weise zu berühren. Und die Studios stürzten sich auf das Blockbuster-Konzept mit dem Appetit eines Neureichen. Vorangegangene Generationen von Filmschaffenden hatten sich oft aufmüpfig gegeben, waren besorgt darüber gewesen, sich an Hollywood zu verkaufen. Solche Sorgen waren für die neuen Wunderkinder antiquiert und exzentrisch. Spielberg und Lucas sagten genau das aus, was ihre Zuschauer hören wollten.

Im Angesicht astronomischer Profite wurden Filme neudefiniert als Events (Ereignisse). Keine einmaligen, in sich geschlossenen Präsentationen, sondern endlose Geschichten, die in Fortsetzung um Fortsetzung ausgelutscht und ausgebeutet werden konnten.

Den Preis, den die Studios dafür zu zahlen hatten, war die Abgabe von Macht und Kontrolle über den Regisseur, der diese Phänomene zu produzieren verstand. Die *Auteur*-Theorie, nach der die Filmemacher und Regisseure die wirklichen schöpferischen Kräfte hinter einem Film sind, wurde praktisch Realität. Regisseure waren nun nicht nur simple Filmemacher, sondern wurden selbst Mogule, wurden zu Magiern, die das Geheimnis kannten: Gebt mir das Geld, laßt mich allein und laßt mich machen.

Regisseur John Landis' goldene Eintrittskarte kam mit *National Lampoon's Animal House.* Mit einem Budget von nur 2,7 Millionen Dollar spielte der Film 1978 über 150 Millionen ein und wurde eine der profitabelsten Komödien aller Zeiten. Landis blieb mit *Animal House* innerhalb des veranschlagten Budgets und des vorgesehenen Drehplans.

Sein nächster Film, *The Blues Brothers,* folgte einem anderen, aber inzwischen vertrauten Muster: Er überschritt das Budget weit und wurde ein Synonym für Exzesse hinsichtlich von Gefahr und persönlichem Verhalten. Doch der Film brachte es –

er machte Geld. Und hier war eine neue Lehre für die Studios: trotz eines gelegentlichen Desasters wie *Heaven's Gate* oder *1941*, kann es, wenn man am Ball bleibt (wie bei *Apocalypse Now*), bei überschrittenem Budgets am Ende profitabel werden.

Die Anstrengungen von Fox bei *Star Wars* haben sich bezahlt gemacht. Umfragen zeigten, daß der Film die beste Mund-zu-Mund-Propaganda hatte, die je gemessen worden war. Lucas war überrascht, daß so viele Erwachsene den Film besuchten. Die Anziehungskraft von *Star Wars* kannte keine ethnischen oder ökonomischen Barrieren. Er lief in schwarzen Ghettos ebenso erfolgreich wie in weißen Vorstädten.

20th Century-Fox wurde sehr reich im Sommer 1977. Die 524 Millionen Dollar Einnahmen durch verkaufte Kinokarten brachten Fox 262 Millionen. Nachdem Fox seine vielen Gebühren abgezogen hatte, blieben Lucas am Ende ungefähr 40 Millionen (nach Steuern 20 Millionen). Er akzeptierte die Gesetze der Studios – dieses Mal noch. Bei seinem nächsten Film würde dies allerdings anders werden.

George Lucas

Traumwelten

Mit 52 Jahren ist George Lucas schon längst zu einer Hollywood-Legende geworden. Das ist eigentlich ironisch, da Lucas ursprünglich aus Hollywood geflohen war, um dem Kommerzdenken der Stadt zu entgehen. Doch er wurde schließlich zum Eigentümer einer der erfolgreichsten Filmproduktionsfirmen aller Zeiten.

Er schuf, schrieb und führte Regie bei *Star Wars*. Er schuf und finanzierte *Das Imperium schlägt zurück* und *Die Rückkehr der Jedi-Ritter,* die Lucasfilm Ltd. produzierte. Er stand ebenso hinter der Erschaffung von *Jäger des verlorenen Schatzes,* der ebenfalls von Lucasfilm produziert wurde.

Aber eine Liste von Lucas' erfolgreichsten Filmen, darunter *American Graffiti* und die *Indiana Jones*-Filme, käme nicht nahe genug an den Eindruck heran, den Lucas in der Filmindustrie hinterlassen hat. Physisch und finanziell ist er völlig unabhängig von Hollywood. Das Magazin *Forbes* schätzte sein persönliches Einkommen im März 1996 auf über 100 Millionen Dollar. Lucas muß sich zwar immer noch der Verleihstrukturen der großen Studios bedienen, wenn er einen Film ins Kino bringen will, aber er kann inzwischen seine eigenen Bedingungen stellen.

Über seine Unabhängigkeit als Filmemacher hinaus schuf er Werkzeuge: Computergraphiken, digitaler Schnitt und digitaler Sound revolutionierten die Art, Filme zu machen. Die Skywalker Ranch in San Rafael, Kalifornien, beherbergt Lucas' kleines Imperium. Darunter auch seine Spezialeffekte-Firma Industrial Light & Magic (ILM). Gegründet, um die Effekte für *Star Wars* herzustellen, ist sie jetzt das qualitativ und technologisch führende Special-Effects-Studio der Welt. Filmproduktionen wie *Star Trek, Poltergeist, E. T.* und *Jurassic Park* griffen auf die Trickkünstler von ILM zurück.

Lucas ist einer der sichtbarsten Mitglieder der *New Hollywood*-Generation, die, aus den Filmschulen kommend, Ende der sechziger Jahre Hollywood infiltrierte.

»Als wir unseren Fuß in der Tür hatten, übernahmen wir den Laden«, sagt Lucas und übertreibt ein wenig, denn außer ihm und Spielberg schaffte es niemand, in die Hallen der Macht vorzustoßen.

Hollywood war ganz anders, als es sich Lucas vorgestellt hatte. »Nach meiner Meinung starb die Filmindustrie 1965«, sagt Lucas. »Es hat nur so lange gedauert, bis die Leute feststellten, daß die Leiche kalt ist. An dem Tag, als ich mein Praktikum bei Warner Bros. begann, räumte Jack Warner seinen Schreibtisch, und das Studio wurde von Seven Arts übernommen. Ich schlenderte durch die leeren Studiohallen und dachte, das ist das Ende. Die Industrie wurde von Menschen übernommen, die wußten, wie man Verträge schließt und Büros verwaltet, die aber keine Idee davon hatten, wie Filme gemacht wurden.«

Lucas sitzt in einem einfachen Büro im Hauptgebäude seiner Ranch, die er 400 Meilen nördlich von Hollywood bauen ließ, und zeigt nach Süden. »Da unten gibt es für jeden ehrlichen, wahren Filmemacher, der versucht seinen Film zum Laufen zu kriegen, Hunderte von schmierigen Gebrauchtwagenhändlern, die dich um dein Geld bringen wollen. Nach Hollywood zu fahren ist, wie in ein fremdes Land zu reisen.«

Der Schöpfer der erfolgreichsten Hollywood-Unterhaltung ist ein Junge vom Land, aus Modesto, Nordkalifornien. Obwohl immer noch ein schüchterner, verschlossener Typ, hat er nichts mehr vom zerknitterten Studenten-Look der früheren Jahre. Mit dem kommerziellen Erfolg einhergehend, hat Lucas seinen ergrauenden Bart gestutzt und die Haare kürzer geschnitten. Aber seine Kleinstadt-Herkunft, die er in *American Graffiti* verewigt hat, dringt immer noch durch, wenn er spricht – und in der Wahl seiner Kleidung. Die Jeans und die karierten Baumwollhemden scheinen alle frisch aus dem Supermarkt. Er hat sich immer unwohl gefühlt in der Gesell-

Zwei Prominente des ›New Hollywood‹. George Lucas und sein früherer Mentor, Francis Ford Coppola.

schaft der Dreireiher oder Designer-Jeans-Träger, die sich ihren Weg zur Spitze freigekämpft haben durch den Verkauf von »heißen Projekten«.

Anders als der weltoffene Freund Francis Ford Coppola, der leidenschaftlich gern Risiken eingeht, ist Lucas ein vorsichtiger und sparsamer Mensch. Sein Privatleben ist stark von der Öffentlichkeit abgeschirmt. »Francis beschuldigt mich, daß ich nicht weiß, wie ich mein Geld ausgeben soll«, sagt er. »Francis hat recht.« Sparsamkeit sollte aber nicht mit Geiz verwechselt werden. Lucas hat großzügig »Punkte« (Prozente) seiner Filmeinnahmen an Schlüsselangestellte weitergegeben und seiner früheren Filmschule, der University of Southern California, 5,7 Millionen Dollar gespendet.

Coppola, dessen Kreativität von der Gefahr, alles zu verlieren, oft beflügelt wird, ist das genaue Gegenteil von Lucas.

Lucas ist methodisch und vorsichtig. Jegliche Art von Bedrohung macht ihn unruhig und unfähig zu arbeiten. Obwohl er gern Spiele spielt, ist Lucas oft sogar zu vorsichtig, um Monopoly gut zu spielen. Das Wort, mit dem er am häufigsten beschrieben wird, lautet ›ernst‹. »Sogar wenn er blödelt«, sagt seine Frau Marcia, »gibt es keine einfachen Lacher.« Er selbst beschreibt sich als »nicht besonders klug und kein Glückskind« und schreibt seinen Erfolg seiner Ausdauer zu. Es ist kein Zufall, daß sein Lieblingsmärchen das von der ›Ameise und dem Grashüpfer‹ ist.

Bis zur Fertigstellung von *Das Imperium schlägt zurück* lebte Lucas in Nordkalifornien und mußte jeden Montag den Neun-Uhr-Flug nach L. A. nehmen, um die Postproduktion zu überwachen und Verträge zu machen. Seit dem Bau der Skywalker Ranch in Nordkalifornien ist das vorbei. Die Geschäftemacher Hollywoods müssen nun zu ihm kommen.

Mit dem Erfolg von *Imperium* konnte Lucas endgültig die Stricke zerschneiden, die ihn noch an Hollywood gebunden hatten. Im Sommer 1981 zog die letzte Abteilung von Lucasfilm, die Marketing-Abteilung, aus ihren Büros gegenüber den Universal Studios nach San Rafael. Lucas hatte schon ein Jahr zuvor damit begonnen, sich völlig zu lösen. Er trat beinahe unbemerkt aus der Academy of Motion Picture Art and Sciences aus, die ihn für *American Graffiti* und *Star Wars* für den Oscar nominiert hatte, als diese ihn verklagen wollte, da er in seinen *Star Wars*-Filmen den Regisseur nicht im Vorspann, sondern erst im Nachspann erwähnt hatte. Er zerriß aus demselben Grund seine Mitgliedskarte für die Regie- und Autorengewerkschaft im Frühjahr 1981.

»Die Gewerkschaften Hollywoods wurden von denselben Rechtsanwälten und Buchhaltern übernommen wie die Studios«, sagt Lucas ärgerlich. »Als die Autoren-Gewerkschaft streikte, konnte ich nicht die Streiklinie in meiner Funktion als Regisseur überschreiten und mich um *American Graffiti* kümmern, als das Studio den Film auseinanderschnitt. Ich bin aus der Gilde der Regisseure ausgetreten, da deren Rechtsanwälte in einen eigensinnigen Kampf mit denen der Studios verwickelt waren und sich dabei nicht um ihre Mitglieder kümmerten. Sie kümmerten sich darum, großartig klingende Vereinbarungen abzuschließen, die nicht das Papier wert waren, auf denen sie standen, und dazu noch völlig unpraktisch waren. Sie sagten, Lucasfilm sei ein persönlicher Titel, kein Firmentitel. Mein Name ist aber nicht George Lucasfilm, genausowenig wie William Fox' Name Twentieth Century-Fox war. Aufgrund dieser Sache wurde ich auf 250.000 Dollar verklagt. Man kann die großen Seen verschmutzen und muß nicht soviel Strafe zahlen.«

Aber dann will Lucas auch gar keine Regie mehr führen. »Ich mag die Filmregie nicht«, sagt er leidenschaftlich. »Ich hasse es, mich ständig mit cholerischen Persönlichkeiten herumschlagen zu müssen. Regie bedeutet Frustration, Ärger und erdrückend viel Arbeit – sieben Tage die Woche, zwölf bis 16 Stunden am Tag. Jahrelang fragte mich meine Frau, warum wir nicht mal zum Essen ausgingen wie andere Leute. Aber ich konnte einfach nicht abschalten. Dann erkannte ich, daß Regie für mich ungesund ist.«

Zusammen haben *Star Wars*, *The Empire Strikes Back* und *Return of the Jedi* 1,2 Milliarden Dollar eingespielt. Das Budget von 25 Millionen für *Imperium* wurde mit den Einkünften aus *Star Wars* bezahlt. Die 32,5 Millionen Dollar für *Jedi* finanzierten sich aus den 92 Millionen Gewinn von *Imperium*. Dazu hat Lucasfilm noch seinen Anteil aus den 2,4 Milliarden Dollar Einnahmen für das Merchandising bekommen.

Es wäre aber ein Fehler, Lucas Doppelzüngigkeit hinsichtlich seines Verhältnisses zu Hollywood vorzuwerfen, da seine Filme so erfolgreich sind. Er hatte einfach Glück. Wie bei manchem Filmemacher vor ihm stimmte seine Vision mit den Bedürfnissen und dem Verlangen seiner Kunden überein.

Lucas' erster Spielfilm, *THX 1138,* war nicht sehr erfolgreich. 1971 von Coppola für 750.000 Dollar produziert, wurde er zumeist in San Franciscos damals noch unvollendeter Untergrundbahn BART gedreht. Dies war ein anderer Film als der gleichnamige Studentenfilm, der Lucas 1968 einen Preis eingebracht hatte. Es war aber auch ein Desaster an der Kinokasse.

»Nach *THX* erkannte ich, daß ich entweder unterhaltende Filme machen mußte oder mich damit abfinden, daß sie nur durch Verleihbibliotheken vertrieben werden würden«, sagt Lucas. »Ich wollte nicht darum kämpfen, 3000 Dollar zu bekommen. Das schränkte mich zu sehr ein. Wie wenn sie einem Maler nur einen Pinsel, eine Leinwand und je eine Tube schwarze und weiße Farbe geben würden. Ich wollte auch nicht, daß mich meine Frau ständig unterstützen mußte. So begann ich an einem Rock'n'Roll-Film zu arbeiten.«

Dieser Rock'n'Roll-Film war *American Graffiti*. Lucas hatte vielleicht nur vor, einen rein kommerziellen Film zu drehen, doch statt dessen ließ der Film eine vergangene Periode wieder aufleben. »Ich war erstaunt, als ich *American Graffiti* zum erstenmal mit Publikum sah«, sagt Lucas. »Ich dachte mir, ich hätte wohl ein gewisses Talent für diese Sache.«

Wenn Lucas einem gegenübersitzt, die Augen auf die Wand fixiert, mit dem Stuhl fast verschmolzen, sanfte Stimme, vermittelt er einen zerbrechlichen Eindruck. Bei seiner Musterung wurde entdeckt, daß er Diabetiker ist, und er mußte daher nicht nach Vietnam. »Marcia macht ihm ein Thunfischsandwich aus Weißbrot, mit der Kruste abgeschnitten, und um 21 Uhr 30 liegt er im Bett«, sagt sein Freund, der Filmemacher Philip Kaufman.

Lucas scheut Konfrontationen von Angesicht zu Angesicht und zeigt fast nie, wenn er ärgerlich ist. Er fordert keine Unterwürfigkeit von seinen Angestellten, und diese sprechen oft von seiner Demütigkeit. Er ist aber unnachgiebig, wenn es um seine Wertvorstellungen und Prioritäten geht. Daß man ihn nicht von seiner Vision abbringen kann oder von außen korrumpieren, ist der Schlüssel zu seinem Erfolg.

Lucas wuchs auf einer Walnußranch auf, das dritte Kind und einziger Sohn. Sein Vater betrieb einen kleinen Laden. Einen Tag nach seinem 17. Geburtstag begegnete ihm auf einer

Landstraße außerhalb von Modesto seine Stunde der Wahrheit. »Ich bog links ab, und ein Typ fuhr in mich rein. Als man mich aus dem Wagen zog, dachten alle, ich sei tot. Ich atmete nicht mehr und hatte keinen Puls«, erinnert sich Lucas. Es war der Wendepunkt in Lucas' Leben. Er verpaßte seinen High-School-Abschluß und brauchte vier Monate, um sich wieder zu erholen. Darauf ging er für zwei Jahre auf das Modesto Junior College, gefolgt von der University of Southern California in Los Angeles. In der Filmabteilung der U. S. C. fand Lucas zu sich selbst. »Er spielte mit den Konzepten, er war frei, er sagte, wir könnten alles tun«, sagt John Milius, Regisseur von *Conan the Barbarian*. »In diesen Tagen dachten wir wirklich, daß wir alles verändern würden, daß wir große Kunst machen würden. Und wir taten es auch, bis zu einem Punkt.«

Nach seinem Abschluß an der U. S. C. arbeitete Lucas als Assistent für Francis Ford Coppola. Coppola wurde ein enger persönlicher Freund, der ihm später half, seinen ersten Spielfilm *THX 1138* (1971) herzustellen. Danach kam *American Graffiti,* und dessen Erfolg überzeugte Fox davon, in ein seltsames Treatment von Lucas über Roboter und Jedi-Ritter zu investieren. Der Rest ist Legende.

Ist Lucas nun glücklich? Die Antwort ist wie der Mann selbst, nicht unkompliziert. »Ich hab' gestern einen Tag frei genommen«, sagt er. »Ich habe eine Schnittfolge um neun angeschaut, hatte ein Meeting von zehn bis zwölf, sah mehr Film, hatte ein weiteres Meeting. Ich habe von neun bis 18 Uhr gearbeitet, und das an meinem freien Tag.«

Nach dem Abschluß der Dreharbeiten zu *Return of the Jedi* war Lucas ausgebrannt. »Nach *Graffiti* hätte *Star Wars* das Klo runtergehen können, und es hätte finanziell nichts ausgemacht. Ich hatte eine interessante Wahl getroffen und war ausgebrannt. Doch ich war schon vor Jahren ausgebrannt und bin seither auf dem Zahnfleisch gegangen. *Star Wars* hatte mein Leben ergriffen, und das gegen meinen Willen. Ich wollte mein Leben zurückhaben, bevor es zu spät war.«

George Lucas

»Seit meiner Zeit in der Filmschule in den Sechzigern war ich auf einem Zug«, sagt Lucas. »Damals habe ich die 147 Waggons einen sehr steilen Anhang hochgeschoben – schieben, schieben, schieben. Ich hab' sie hochgeschoben, und als *Star Wars* daherkam, 1977, hatte ich den Gipfel erreicht. Ich bin aufgesprungen und der Zug ging den Hügel runter. Seitdem stehe ich auf den Bremsen. Es war nichts als Arbeit, Arbeit, Arbeit.«

Bis zum Start von *Return of the Jedi* überwachte Lucas noch die Dreharbeiten zum zweiten Teil der *Indiana Jones*-Trilogie, *Indiana Jones and the Temple of Doom,* und wollte dann eine zweijährige Pause einlegen. Doch da war noch seine Firma, Lucasfilm. »Ich hatte plötzlich all diese Menschen, die von mir abhängig waren. Ich sagte ihnen, daß ich für sie keine weiteren Hitfilme machen würde. Ich werde diese Firma nicht mehr auf meinem Rücken tragen«, sagte Lucas zu seinen Angestellten. Zu dieser Pause ist es im Endeffekt nie gekommen, und Lucas mußte daher schwere Opfer bringen. Darunter war auch seine Ehe.

Wie sieht Lucas die Zukunft des Kinofilms? »Die Technologie, Filme zu machen«, sagt Lucas, »wird immer zugänglicher. Heute kann man mit einer kleinen, engagierten Crew einen Film drehen, ohne viel Geld. Man kann für eine Million einen professionell aussehenden Film machen. Es ist nur eine Frage der Zeit, bis die in Filmschulen ausgebildeten Jungs nach Kansas zurückgehen und dort einen *Rocky* oder *American Graffiti* machen. Das Verleihnetz wird wohl noch für lange in Los Angeles verbleiben. Doch Kabelfernsehen und die digitalen Medien verändern das. Man kann heute etwas ans Kabel verkaufen mit nur fünf Telefonanrufen, ohne das Haus zu verlassen.«

»Ich habe schon lang gesagt, daß Hollywood tot ist. Daß heißt nicht, daß die Filmindustrie tot ist. Doch die Zeit ist vorbei, in der eine Region das ganze Geschäft beherrscht, aber es wird wohl noch 15 Jahre dauern, bis es alle gemerkt haben. Die Filmemacher haben noch nicht begriffen, daß sie keine Agenten und Studiobosse brauchen. Was ist schon Hollywood? Ein antiquierter Verleihapparat, ein Monopol, ein System zur Ausbeutung des Filmemachers. Doch das System kollabiert wegen der neuen Technologien.«

Lucas sitzt in seinem holzgetäfelten Büro auf der Skywalker Ranch, dem Mittelpunkt seines kleinen Imperiums. Auf dem Bücherregal liegen Modelle des Millennium-Falken in allen möglichen Größen. Er hat den Weltraum erobert, und *Star Wars* hat die Weise, wie Hollywood operiert, verändert. Es wäre die ultimative Ironie, falls George Lucas, der energisch für die Abschaffung Hollywoods eintritt, der Mogul sein sollte, der es ersetzt.

Filmographie

1971 THX 1138 (Regie/Drehbuch)
1973 American Graffiti (Regie/Drehbuch)
1977 Star Wars/Krieg der Sterne (Regie/Drehbuch)
1979 More American Graffiti (Executive Producer)
1980 The Empire Strikes Back/Das Imperium schlägt zurück (Executive Producer/Story)
1980 Kagemusha/Kagemusha – Der Schatten des Kriegers (Executive Producer)
1981 Raiders of the Lost Ark/Jäger des verlorenen Schatzes (Executive Producer/Story)
1981 Body Heat/Heißblütig – kaltblütig (Executive Producer, ohne Credit)
1982 Twice Upon a Time (Executive Producer)
1983 Return of the Jedi/Die Rückkehr der Jedi-Ritter (Executive Producer/Drehbuch/Story)
1984 Indiana Jones and the Temple of Doom/Indiana Jones und der Tempel des Todes (Executive Producer/Story)
1984 The Ewok Adventure: Caravan of Courage (TV-Film) (Executive Producer/Story)
1985 Ewoks: Battle for Endor (TV-Film) (Executive Producer/Story)
1985 Mishima/Mishima – Ein Leben in vier Kapiteln (Executive Producer)
1986 The Great Heep (TV-Special) (Charaktere von Lucas)
1986 Labyrinth/Die Reise ins Labyrinth (Executive Producer)
1986 Howard the Duck/Howard – Ein tierischer Held (Executive Producer)

1986	Captain EO (Executive Producer/Drehbuch)
1988	Willow (Executive Producer/Story)
1988	Tucker: the Man and his Dream/Tucker (Executive Producer)
1988	The Land Before Time/In einem Land vor unserer Zeit (Executive Producer)
1988	Powaqqatsi (präsentiert von George Lucas)
1989	Indiana Jones and the Last Crusade/Indiana Jones und der letzte Kreuzzug (Executive Producer/Story)
1992	The Young Indiana Jones Chronicles (TV-Serie) (Executive Producer/Creator)
1994	Radioland Murders (Executive Producer/Story)

Studenten- und Kurzfilme

1965	Look at Life
1966	Herbie
1967	The Emperor
1967	THX 1138:4EB
1967	Anyone Lived in a Pretty Town
1967	6.18.67
1968	Filmmaker
1968	Herbie

Star Wars Prequels

George Lucas kehrt ins *Star Wars*-Universum zurück

»Viel Glück«, ruft ein Gast in der überfüllten Halle der Skywalker Ranch George Lucas, 51, zu. Der Schöpfer der *Star Wars Saga* bleibt stehen und winkt. »Danke, danke«, sagt er und lächelt etwas verlegen. Der Mann, mit den ausgewaschenen Jeans und Tennisschuhen hat es eilig und tänzelt nervös auf den Fußspitzen.

»Ich muß da irgendwie rein«, raunt er einer Assistentin zu. Dann holt er tief Luft und wühlt sich durch die Menge. Mit steifem Rücken, wie zum Appell, steht Lucas schließlich auf der Bühne: Standing Ovation. Artig verbeugt er sich vor seinem Publikum. Jetzt sind all seine Laienschauspielerkünste gefragt. Lucasfilm hat die Vertreter der wichtigsten Lizenznehmer der *Star Wars Saga* auf die Skywalker Ranch bei San Francisco geladen. Während eines zweitägigen Programms sollen die Geschäftsleute auf eine weltweite Marketing-Strategie eingeschworen werden. »Gestern habe ich begonnen, an einem neuen *Star Wars*-Film zu schreiben«, ruft Lucas in die Menge. Der darauf folgende tobende Applaus ist schon beinahe vorprogrammiert, denn diese Nachricht ist für die Anwesenden Millionen von Dollar wert.

Beinahe 20 Jahre sind nun seit *Star Wars,* der letzten Regiearbeit von Lucas, vergangen. Die Einnahmen des Films und die der von Lucas produzierten Hits wie *The Empire Strikes Back, The Return of the Jedi* und der *Indiana Jones*-Trilogie erlaubten ihm, als Minimogul in Rente zu gehen. Aber Lucas ist nicht mehr damit zufrieden, sich auf den Lorbeeren seiner Megahits auszuruhen. Im Herbst 1994 kündigte er an, die zweite *Star Wars*-Trilogie in die Kinos zu bringen. Seitdem erlebt *Star Wars,* besonders im Bereich des Merchandising, ein Revival. Die Merchandising-Abteilung bei Lucasfilm muß 40 neue Lizenzanträge pro Woche bearbeiten.

Den größten PR-Coup landete Lucas jedoch mit der Ankündigung, genau 20 Jahre nachdem sich seine Weltraumoper ihren Weg in das öffentliche Bewußtsein gebahnt hat, eine *Special Edition* des SF-Klassikers zu veröffentlichen. Überraschend dabei ist, daß diese »Spezialausgabe« nicht etwa auf Laserdisc oder Video erscheinen, sondern am 25. Mai 1997 einen erneuten Kinostart erleben wird.

Anstelle des schon fast üblich gewordenen *Director's Cut* plant Lucas, seinem Werk die Färbung der neunziger Jahre zu

Logo-Design der ›Star Wars Saga‹.

verleihen. Denn Lucas war mit vielen Szenen in *Star Wars* nie wirklich zufrieden. Nun ermöglicht ihm die neue digitale Computertechnologie, die hauptsächlich von seiner eigenen Trickfirma ILM mit entwickelt wurde, Veränderungen vorzunehmen, die mit der Technologie von 1976 nicht möglich gewesen wären. Für Lucas hat seine Firma ILM nun einen Standard erreicht, der es ihm erlaubt, seine Visionen realistisch und kostengünstig umzusetzen. Er erinnert sich an eine Vorführung einiger Tests für Steven Spielbergs *Jurassic Park:* »Als ich die Tests auf der Leinwand sah, hatte ich Tränen in den Augen. Es war einer dieser Momente in der Geschichte wie bei der Erfindung der Glühbirne oder dem ersten Telefonanruf. Eine Lücke wurde geschlossen, und die Dinge werden nie mehr dieselben sein.«

Eine neue Szene der ›Star Wars Special Edition‹.

Die *Star Wars Special Edition* wird auch einige neue Szenen enthalten, die 1976 dem Schneidetisch zum Opfer fielen. Die spektakulärste Ergänzung wird wohl das Treffen zwischen Han Solo und einem noch humanoiden Jabba the Hutt in der Docking Bay 94 sein. Der humanoide Jabba wird tricktechnisch mit einem digitalen Jabba aus *Return of the Jedi* ersetzt werden. Insgesamt aber sollen die neuen Szenen den Film um nicht mehr als vier Minuten verlängern.

Der Audio-Track wird von Skywalker Sound ebenfalls auf den neusten Stand gebracht. »Der Start von *Star Wars* 1977 ging der Einführung von THX-Kinos voraus«, meint Lucas. »Ich will, daß alle den Film mit den Verbesserungen der heutigen Sound-Technologie wiedererleben.« Lucas' Pläne wurden von der 20th Century-Fox, dem Verleih des Originals, natürlich mit Enthusiasmus aufgenommen. »Es ist ein Verleih- und Marketing-Traum«, meint Vizepräsident Tom Sherak. Inzwischen hat sich George Lucas in sein Arbeitszimmer zurückgezogen und schreibt an den Treatments für die neuen *Prequels*. Informationen zum Inhalt der neuen Filme bleiben skizzenhaft. Die Story spielt 30 bis 40 Jahre vor *Star Wars* und handelt von den jungen Männern Obi-Wan Kenobi und Darth Vader. Es wird gezeigt, wie Darth Vader zu dem wurde, den man aus *Star Wars* kennt, und wie der Imperator die Macht in der Galaxis ergreifen konnte. Die *Prequels* enden mit Obi-Wan Kenobi als Einsiedler in der Wüste Tatooines, wo man ihn in *Star Wars* wiedertrifft. Es ist möglich, daß die verschiedenen Handlungsstränge nicht chronologisch erzählt werden. Lucas könnte statt dessen auf eine Erzählstruktur zurückgreifen, die sein Freund Francis Ford Coppola in *Der Pate II* verwendet hat. Dort wurde zwischen zwei Geschichten hin- und hergeschnitten, die zu unterschiedlichen Zeiten spielten. Jeder Handlungsfaden kontrapunktierte den anderen und hob ihn zugleich hervor.

Die Rolle eines Produzenten ist entscheidend für den Erfolg eines Films. Lucas suchte hier eine hart arbeitende, erfahrene Persönlichkeit, mit der er Hand in Hand die neue *Star Wars*-Trilogie vorbereiten konnte. Der Apfel fiel nicht weit vom Stamm. Lucas wandte sich an seinen Produzenten der *Young Indiana Jones Chronicles:* Rick McCallum *(The Singing Detective, Pennies From Heaven, Castaway)*. Mit dieser Personalentscheidung wollte Lucas gleich ein Zeichen setzen, denn die Mitarbeiter der alten Trilogie werden nicht noch einmal beschäftigt. Als ein Veteran der wenig erfolgreichen *Young Indy*-TV-Serie hatte McCallum für diese Serie ein nonlineares Produktionssystem entworfen, um die für eine TV-Serie aufwendigen Folgen in einem finanzierbaren Rahmen zu halten. Dieses neue Produktionsverfahren soll nun auch auf die neuen *Star Wars Prequels* angewandt werden. Dies kann dazu führen, daß alle drei neuen Filme auf einmal, hintereinander gedreht werden. McCallum möchte daher lieber mit Leuten zusammenarbeiten, die mit diesem Verfahren bereits vertraut sind. »Die *Young Indys*-Veteranen waren mit mir auf dem längsten Location-Dreh der Filmgeschichte und haben dabei viel leiden müssen, dennoch haben sie sich nie beklagt«, sagt McCallum. »Doch was wir da durchmachen mußten, wird gar nichts sein im Vergleich zu dem, was bei den neuen *Star Wars*-Filmen auf uns zukommt.« Lucas ist derart von den Vorzügen des Produktionsverfahrens überzeugt, daß er sogar erwägt, die Regie des ersten Teils zu übernehmen. Das Casting für alle drei Teile begann im Frühjahr 1996. Es wurden zwar noch keine Schauspieler angesprochen, doch Lucas und McCallum haben sich schon eine lange Wunschliste zusammengestellt.

Es werden sich neben der Standardcrew von *Young Indy* auch Kameramann David Tattersall, Drehbuchautor Frank Darabont *(Shawshank Redemption)* und Produktionsdesigner Gavin Bocquet *(Kafka, Empire of the Sun)* an Bord einfinden. Gavin Bocquet arbeitet seit dem Frühjahr 1995 mit einem kleinen Team von Illustratoren an Designs für neue Kreaturen, Fahrzeuge, Props und Kostüme.

Über die Gründe, die Lucas dazu bewogen haben, die *Star Wars Saga* fortzusetzen, kann man nur spekulieren. Er selbst meint, daß er warten wollte, bis die Tricktechnologie seinen Vorstellungen entsprach. Wahrscheinlicher ist, daß der Mißerfolg der aufwendigen TV-Serie *Young Indiana Jones Chronicles* die Finanzen von Lucasfilm stark strapaziert hat. Eine neue Serie *Star Wars*-Filme ist eine garantierte Einnahmequelle für die Firma, dessen einzige profitable Abteilung bisher Industrial Light and Magic war. Trotzdem nimmt George Lucas ein großes Risiko auf sich, eine neue Trilogie zu schaffen, in der keiner der bekannten *Star Wars*-Darsteller auftaucht, vielleicht mit Ausnahme der Roboter C-3PO und R2-D2.

Mark Hamill, der Luke Skywalker spielte, meint: »Es ist

Georges Baby. Wenn ich mehr involviert wäre, würde es mich mehr interessieren. Ich wünsche ihm aber alles Gute.«

Falls die neuen Filme durchfallen oder nur mittelmäßig erfolgreich sein sollten, wird Lucas fast alles verlieren, was er sich über die Jahre hinweg aufgebaut hat. Er riskiert einen großen Teil seines eigenen Vermögens. Dies war aber schon immer Lucas' Prinzip: sein Geld dorthin zu stecken, wo seine Träume liegen. Er betrachtet seine eigene Arbeit und seine Träume als die sichersten Investitionsmittel. »Ich nehme dieses Risiko auf mich, denn ich begann mit nichts«, sagte er während der Dreharbeiten zu *The Empire Strikes Back*. Vor fünf Jahren hatte ich wirklich nichts.«

Seine Ansprache auf der Skywalker Ranch ist vorbei. Noch einmal tobender Applaus. Wenn sich Lucas verbeugt, sieht er ernst aus; verhalten, beinahe abwesend nimmt er den Applaus entgegen. Er schüttelt noch ein paar Hände, dann Ende der Vorstellung. Lucas steigt in seinen BMW, der vor der Halle wartet. Sein Körper sinkt in sich zusammen. Er lehnt seinen Kopf erschöpft gegen die Kopflehne. Er weiß, der eigentliche Streß hat noch gar nicht begonnen …

Krieg der Sterne

(Star Wars) Episode IV

»Vor langer Zeit in einer Galaxie, weit, weit entfernt ...
Es herrscht Bürgerkrieg. Raumschiffe der Rebellen, die von geheimen Basen aus operieren, haben ihren ersten Sieg gegen das böse galaktische Imperium errungen.
Während der Schlacht gelang es Spionen der Rebellion, Geheimpläne der ultimativen Waffe des Imperiums, des Todessterns, zu erbeuten, einer bewaffneten Raumstation mit genügend Feuerkraft, um einen ganzen Planeten zu vernichten. Verfolgt von imperialen Agenten, flüchtet Prinzessin Leia in ihrem Raumschiff Richtung Heimat, an Bord die Pläne, die ihr Volk retten und der Galaxis die Freiheit wiedergeben können ...«

Nach dieser Einleitung beginnt der Film, als Prinzessin Leias Schiff auf dem Weg zu ihrem Heimatplaneten mit den gestohlenen Plänen des Todessterns von Darth Vaders Sternenzerstörer abgefangen wird. Leia versteckt die Pläne in dem kleinen Roboter R2-D2 und schickt ihn zusammen mit seinem Kompanion, dem goldenen Roboter C-3PO, auf den Wüstenplaneten Tatooine, um die Pläne dort dem früheren Jedi-Ritter Obi-Wan Kenobi zu übergeben.
Die Roboter fallen in die Hände des Farmers Owen Lars. Owens Neffe, Luke Skywalker, entdeckt zufällig die in dem kleinen Roboter versteckte Nachricht und hilft R2-D2, Obi-Wan in dessen Zuflucht aufzusuchen. Obi-Wan enthüllt Luke, daß dessen Vater auch ein Jedi-Ritter gewesen sei, und fordert ihn auf, sich ebenfalls mit den Geheimnissen der Jedi vertraut zu machen, falls er Obi-Wan dabei unterstützen wolle, die geheimen Pläne den Rebellen zu übergeben. Luke lehnt das Angebot ab.
Als er auf die Farm seines Vaters zurückkehrt, muß er mit Entsetzen feststellen, daß sein Onkel Owen und seine Tante

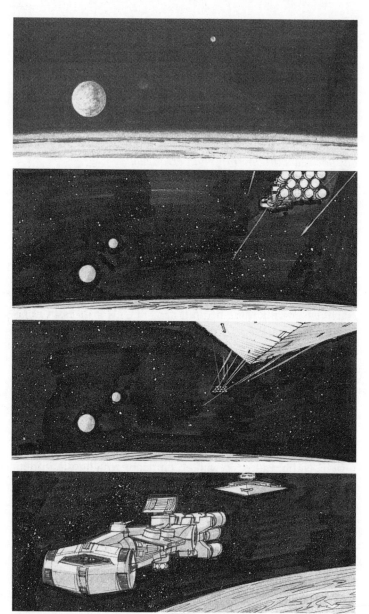

Storyboards der Eröffnungsszene aus ›Star Wars‹.

Beru von imperialen Einheiten getötet worden sind. Luke schwört, sich am Imperium zu rächen, und begleitet Obi-Wan und die beiden Roboter zu dem Raumhafen Mos Eisley, in der Hoffnung, dort auf einem Raumfrachter eine Passage nach Alderaan zu bekommen.

Obi-Wan trifft sich in Mos Eisley mit dem Schmuggler Han Solo und dessen Kopiloten Chewbacca, dem Wookie, und macht mit ihnen einen Handel für einen Flug zu der Rebellenbasis.

Währenddessen wird Prinzessin Leia vom Kommandanten des Todessterns, Grand Moff Tarkin, verhört. Als Tarkin keine befriedigenden Antworten von Leia erhält, befiehlt er, Alderaan durch den Todesstern zu zerstören.

Auf Solos Frachter, dem Millennium-Falken, fühlt Obi-Wan

C-3PO und R2-D2 werden von imperialen Truppen überrascht.

mit Hilfe der Macht die Zerstörung des Planeten Alderaan. Der Falke tritt aus dem Hyperraum, wo sich Alderaan befinden sollte, und findet sich in einem Meteoritenhagel wieder. Solo entdeckt einen kleinen Mond, der eigentlich gar nicht existieren dürfte. Der Falke wird von einem starken Traktorstrahl ergriffen und an Bord des Mondes gezogen – in Wirklichkeit der Todesstern.

Der Gruppe um Luke und Obi-Wan gelingt es zwar, imperialen Kontrollen des Millennium-Falken zu entkommen, aber sie müssen entdecken, daß Prinzessin Leia auf der Raumstation gefangengehalten wird und kurz vor ihrer Hinrichtung steht. Sie entschließen sich, getrennt vorzugehen. Obi-Wan soll den Traktorstrahl neutralisieren, der den Falken gefangenhält, während Luke, Han und Chewbacca mit Unterstützung der beiden Droiden versuchen, die Prinzessin in Sicherheit zu bringen.

Die Befreiungstruppe erreicht den Gefängnisblock, aber eine Auseinandersetzung mit der Wache löst einen Alarm aus. Sie holen zwar die Prinzessin aus ihrer Zelle, aber der Weg zurück zum Falken ist von imperialen Truppen blockiert. Auf die Initiative Leias hin gelingt es ihnen, die Sturmtruppen durch ein Müllentsorgungssystem zu umgehen.

Obi-Wan gelang es inzwischen, den Traktorstrahl zu deaktivieren, und jetzt ist er auf dem Weg zum Frachter. Da stellt sich ihm Darth Vader in den Weg und verwickelt Obi-Wan in ein Lichtschwertduell. Dabei läßt sich Obi-Wan von Vader niederstrecken, um den anderen die Flucht zu ermöglichen.

Der Falke entkommt dem Todesstern, und die Helden erreichen die nächste Rebellenbasis. Vader hat aber einen Peilsender an Bord des Falken versteckt, und so währt die Freude der Helden nur kurz. Der Todesstern ist ihnen gefolgt. Die Rebellen analysieren die in R2-D2 versteckten Pläne des Todessterns und finden tatsächlich eine Schwachstelle in seinem Verteidigungssystem. Ein Angriff mit allen verfügbaren Jagdmaschinen rollt an. Sie sollen einen Torpedo in einer Ventilationsöffnung des Todessterns detonieren lassen und dadurch

Imperiale Sturmtruppen auf Tatooine.

eine Kettenreaktion auslösen, die die Kampfstation zerstört und einen großen Rückschlag für den Imperator bedeuten würde.
Es ist Luke, dem es mit Hilfe Solos und der Macht gelingt, dem Todesstern diesen tödlichen Schlag zu versetzen.
Auf der Rebellenbasis werden Luke, Han und Chewbacca stürmisch begrüßt und von Leia für ihre Leistung und ihren Mut ausgezeichnet.

Credits

Eine Lucasfilm-*Produktion.* Im *Verleih* der Twentieth Century-Fox Film Corporation. *Regie* George Lucas. *Produzent* Gary Kurtz. *Drehbuch* George Lucas. *Produktionsdesigner*

John Barry. *Kamera* Gilbert Taylor, B.S.C. *Musik* John Williams. *Gespielt* vom London Symphony Orchestra. *Spezialeffekt-Photographie* John Dykstra. *Spezialeffekte-Mechanik* John Stears. *Schnitt* Paul Hirsch, Marcia Lucas, Richard Chew. *Produktionsleiter* Robert Watts. *Produktionsillustration* Ralph McQuarrie. *Kostümdesigner* John Mollo. *Art -Directors* Norman Reynolds, Leslie Dilley. *Make-up-Designer* Stuart Freeborn. *Toneffekte* Ben Burtt. *Miniaturen und optische Effekte* Richard Edlund, Dennis Murren. *Matte Artist* Harrison Ellenshaw.

Darsteller: Mark Hamill (Luke Skywalker), Carrie Fisher (Prinzessin Leia Organa), Harrison Ford (Han Solo), Peter Cushing (Grand Moff Tarkin), Alec Guinness (Ben Kenobi), Anthony Daniels (C-3PO), Kenny Baker (R2-D2), Peter Mayhew (Chewbacca), David Prowse (Lord Darth Vader), Phil Brown (Onkel Owen), Shelagh Fraser (Tante Beru), Jack Purvis (Chef Jawa), Alex McCrindle (General Dodonna), Eddie Byrne (General Willard), Drewe Hemley (Roter Führer), Dennis Lawson (Wedge), Garrick Hagon (Biggs), Jack Klaff (John »D«), William Hootkins (Porkins), Angus McInnis (Gold Führer), Jeremy Sinden (Gold Zwei), Graham Ashley (Gold Fünf), Don Henderson (General Taggi), Richard Le Parmentier (General Motti), Leslie Schofield (Kommandant Eins).

Aufgenommen in Tunesien; Tikal-National-Park, Guatemala; Death Valley National Monument, Kalifornien, und in den EMI Elstree Studios, Borehamwood, England.

The Making of *Krieg der Sterne*

»Ich hab' da ein verdammt mieses Gefühl.«

HAN SOLO

Als *Star Wars* am 25. Mai 1977 in den USA in die Kinos kam, saß George Lucas in einem dunklen Raum und mischte die deutsch-, die französisch- und die spanischsprachige Version des Films. Er tat dies schon seit über 18 Stunden, und so war es täglich gegangen in den letzten beiden Wochen. Lucas war so erschlagen und geschafft, daß er sich nicht einmal des Starttermins seines eigenen Films bewußt war.

Er verabredete sich mit seiner Frau Marcia zum Essen in einem kleinen Hamburger-Imbiß gegenüber dem berühmten Kino *Manns Chinese* in Hollywood. Es herrschte ein Verkehrschaos um das Kino, und es gab einen großen Menschenauflauf. Lucas blieb mit seiner Frau im Verkehr stecken. »Jesus Christus, was ist denn hier los?« wunderte sich Lucas. Als er um die Ecke in den Hollywood Boulevard einbog, sahen er und Marcia ein großes Banner mit der Aufschrift *Star Wars* über dem Kino hängen.

Lucas konnte es nicht glauben. Er saß im Hamburger-Imbiß und beobachtete die riesige Menge; danach ging er wieder zum Mixen zurück. Er war nicht aufgeregt, sondern nur erstaunt. Der Erfolg für *Star Wars* war keineswegs vorprogrammiert gewesen.

Vor dem Start des Films, am 25. Mai, wußte Lucas genau, wieviel Geld er einspielen würde: 16 Millionen Dollar. Das war die Summe, die ein Disney-Film damals im Durchschnitt einbrachte. Science-fiction-Filme hatten zumeist ein starkes Eröffnungswochenende, wegen der großen Fangemeinde. *Star Wars* mußte aber mindestens vier Wochen in den Kinos überleben, um schwarze Zahlen zu schreiben. Das Weltraumepos mußte mindestens für 32 Millionen Dollar Kinokarten verkaufen, um kein Verlustgeschäft zu werden.

Doch acht Wochen später hatte *Star Wars* bereits 54 Millionen eingenommen. Zehn Jahre später hat die *Star Wars*-Trilogie für 1,2 Milliarden Dollar Kinokarten an den Mann gebracht und noch einmal weltweit 2,4 Milliarden aus dem Verkauf von Büchern, Spielzeug, Schlafkissen, T-Shirts, Postern und unzähligen anderen Merchandise-Artikeln eingebracht.

Nach der Fertigstellung von *American Graffiti* war George Lucas bereit, den Beruf des Regisseurs an den Nagel zu hängen. Die Schwierigkeiten und die körperliche Belastung, die dieser Job mit sich brachten, war er ihm einfach nicht wert.

Aber da war immer noch die Idee eines Weltraumepos, die ihn schon seit seiner Kindheit verfolgte. *THX 1138* hatte eben auch Lucas' Appetit nach Science-fiction geweckt. Bevor er den Marschallstab des Regisseurs in die Ecke stellte, wollte er noch einen wirklich großen Kinofilm machen, der in Studios gedreht werden müßte, mit ausgefeilter Dekoration und vielen Spezialeffekten.

Es sollte ein altmodischer Abenteuerfilm werden, wie die alten Hollywood-Klassiker, bei denen die Zuschauer einfach Spaß hatten. Für Lucas waren die Filme der sechziger und siebziger Jahre zu überfüllt mit Gewalt, Sex und Zynismus. Auch er selbst hatte einen dieser dunklen Filme hergestellt, *THX 1138,* und es war ein finanzieller Reinfall gewesen. Lucas hatte nicht vor, diesen Fehler zu wiederholen.

Nach der Fertigstellung des Schnitts von *American Graffiti* begann Lucas ernsthaft an seiner Idee zu arbeiten. Er schrieb jeden Morgen ein paar Stunden und verbrachte den Rest des Tages damit, Märchen und Abhandlungen über Mythologie und Psychologie zu lesen. Lucas wollte kein Märchen im traditionellen Sinne. Er suchte nach einer Möglichkeit, moderne Technologie mit den traditionellen Märchenstrukturen zu verbinden, ohne dabei den moralischen Unterbau und den Unterhaltungswert zu verlieren.

Doch die Stärken von George Lucas liegen mehr im Visuellen. Er hat nie besonders gern geschrieben, und wenn er es tat, dann nicht besonders gut. Er brauchte fast ein Jahr für ein

Alle Helden zusammen: Luke Skywalker, Prinzessin Leia, Chewbacca und Han Solo.

13seitiges handgeschriebenes Treatment, das von seltsamen Kreaturen mit unaussprechlichen Namen bevölkert war. Der erste Satz lautete: »Dies ist die Geschichte von Mace Windu, einem verehrten Jedi-bendu von Opuchi, die uns von C. J. Thape überliefert wurde, dem Padawaan-Gelehrten der berühmten Jedi.«

Die Geschichte war kompliziert: Leia Aguilae, eine Prinzessin der Rebellen, flieht in Begleitung ihrer Familie vor einem bö-

Luke überprüft den widerspenstigen R2-D2.

sen Herrscher, der die Allianz übernommen und sich selbst zum Imperator ausgerufen hat. General Luke Skywalker, einer von zwei überlebenden Jedi-Rittern (zusammen mit seinem Freund Annikin Starkiller), assistiert der Prinzessin auf der gefährlichen Flucht. Auf dem Weg nehmen sie zwei imperiale Bürokraten als Geiseln, die dem Film ein komisches Element verleihen. Eine Rebelleneinheit, bestehend aus zehn Jungen, stößt zu ihnen. Verfolgt von imperialen Truppen, werden die Rebellen durch den Weltraum gejagt und müssen sich in einem Asteroidenfeld verstecken. Sie entkommen in einem gestohlenen Raumfrachter und fliegen auf einen Dschungelplaneten, wo sie angegriffen werden und die Prinzessin gefangengenommen wird. Die Jungen, die von General Skywalker dazu ausgebildet wurden, Ein-Mann-»Teufelsjäger« zu fliegen, befreien die Prinzessin. Sie werden dabei in eine Raumschlacht mit der imperialen Flotte verwickelt und entkommen durch Flucht in die Tiefen des Raums. In der letzten Szene werden der General und die Jungen von der Prinzessin auf deren Heimatplaneten belohnt, wo sie ihre wahre »Göttlichkeit« enthüllt. Die zwei imperialen Bürokraten betrinken sich und stolpern in die Dunkelheit.

Luke und Obi-Wan blicken auf Mos Eisley.

Lucas' Umgebung reagierte mit höflichem Erstaunen auf das Treatment. Sein Agent und sein Anwalt verstanden kein Wort. Sie sagten ihm aber ihre Unterstützung zu, das Projekt an ein Studio zu verkaufen.

United Artists, das Studio, mit dem Lucas noch ein Vertrag aus der Zeit vor *American Graffiti* verband, wurde zuerst angesprochen. David Picker, der damalige Chef schaute sich das Treatment kurz an und lehnte dankend ab.

American Graffiti war zu diesem Zeitpunkt noch nicht in die Kinos gekommen. Man kannte Lucas nur als den Regisseur des Flops *THX 1138*. Jeff Berg, Lucas' Agent, arrangierte eine geheime Vorführung von *American Graffiti* für einen Executive von 20th Century-Fox, Alan Ladd junior.

Ladd war wie seine Kollegen ständig auf der Suche nach neuen Filmhits. Er kannte *THX 1138,* hielt Lucas für einen talentierten Regisseur. Die Vorführung von *American Graffiti* bestätigte seine Annahme. Er traf sich mit Lucas, der ihm sein Konzept von *Star Wars* vortrug. Alan Ladd konnte sich auch keinen Reim darauf machen, wollte aber verzweifelt mit Lucas ins Geschäft kommen. Sie schlossen ein loses Abkommen, verständigten sich darüber, daß *Star Wars* zuerst den Universal Studios präsentiert werden müßte, die auf das nächste Projekt von Lucas eine Option hatten.

Lucas hatte damals große Schwierigkeiten mit Universal wegen des endgültigen Schnitts von *American Graffiti*. Er war sich ziemlich sicher, daß Universal daher auf *Star Wars* verzichten würde, und so geschah es auch. Universal lehnte *Star Wars* ab. Zehn Tage bevor *American Graffiti* der größte Hit des Studios seit Jahren werden würde.

Zehn Tage später sagte Alan Ladd für die 20th Century-Fox zu, *Star Wars* zu produzieren.

Nach dem Start von *American Graffiti* war Lucas plötzlich der gefragteste Regisseur des *New Hollywood*. Er nutzte die Gelegenheit, sein loses Abkommen mit Fox zu verändern. Doch zur Überraschung von Fox wollte Lucas nicht mehr Geld, sondern die Rechte für die Vermarktung von Büchern

C-3PO Darsteller Anthony Daniels.

und des Soundtracks sowie Kontrolle über mögliche Fortsetzungen von *Star Wars*. Die Studiochefs stimmten sofort zu, glaubten sie doch, eine Menge Geld gespart zu haben, denn Lucas wollte nur die Rechte an den Merchandising-Klauseln des Vertrags, die damals von den Studios als beinahe wertlos betrachtet wurden.

Nun brachen für Lucas die beiden härtesten Jahre seines Lebens an. Er hatte zwar einen Vertrag für das Projekt, konnte das Drehbuch für *Star Wars* aber einfach nicht schreiben. Er schloß sich acht Stunden am Tag, fünf Tage in der Woche in sein Schreibzimmer ein und arbeitete und arbeitete. Sein Leben wurde nur noch von *Star Wars* beherrscht. Er trug ständig einen Notizblock mit sich herum, auf dem er alles sofort niederschrieb, was ihm zum Thema einfiel.

Jeden Samstag kehrte er von seinem Zeitschriftenhändler mit einem Stapel Science-fiction-Magazinen und Comics zurück. Er suchte nun überall nach Inspirationen. Lucas benutzte den Bösewicht Ming aus den *Flash Gordon*-Comics als Vorbild für seinen Imperator. Den Droiden C-3PO entlieh er Alex Raymonds *Iron Men of Mongo*. Aus *John Carter on Mars* stammten die Banthas, die Lasttiere in *Star Wars*. In den ersten Fassungen des Drehbuchs fanden sich viele Elemente aus den Büchern von Edgar Rice Burroughs wieder. Lucas schaute sich unzählige SF-Filme an und las Romane wie Frank Herberts *Dune* und E. R. »Doc« Smiths *Lensman*-Saga.

Alle diese Versatzstücke ergaben jedoch noch kein Drehbuch. Lucas' Frustration wuchs. Egal wie er es auch anstellte, dieses neue Universum wollte einfach nicht aus dem Ei schlüpfen.

Doch am 28. Januar 1975 hatte er eine erste Fassung fertig. Sie trug den Titel: *Die Abenteuer des Starkillers, Episode eins des Kriegs der Sterne*. Die Handlung spielte in der Republik Galactica, die von Bürgerkriegen und gesetzloser Barbarei heimgesucht wurde.

Lucas wußte, daß das Drehbuch eine Katastrophe war. Dennoch gab er es seinen Freunden zu lesen und nahm hinterher auf einem Kassettenrekorder deren Reaktionen und Kritiken auf. Michael Ritchie war sprachlos angesichts der frühen Versionen von *Star Wars*. Er verstand kein Wort von dem, was Lucas geschrieben hatte. Matthew Robbins und Hal Barwood fühlten, daß mit der Eröffnungssequenz der beiden Droiden Lucas wieder zum mechanischen Regisseur von *THX 1138* wurde. Francis Ford Coppola zeigte genau die gegenteilige Reaktion. Er fand, daß Lucas gut daran tat, Risiken einzuge-

hen. Andere Freunde machten sich Sorgen und wollten, daß er einen professionellen Autor anheuerte, der das Drehbuch beendete. Lucas lehnte ab. Er wußte, wenn er diesen Film nicht selbst schreiben konnte, würde er ihn nie machen.
So klemmte er sich wieder hinter die Schreibmaschine und arbeitete weiter. Am 1. August 1975 schickte Lucas eine neue Version des Drehbuchs an Alan Ladd jr. bei Fox. Luke war inzwischen zu einem Bauernjungen geworden, Sohn des verstorbenen Jedi-Ritters Anakin Starkiller. Owen Lars war Lukes böser Onkel, der die Ersparnisse seines Neffen stahl,

C-3PO und R2-D2 verloren in den Dünen der Jundland-Wüste.

um seine Farm am Laufen zu halten. Ein Hologramm der Prinzessin Leia bat Luke um Hilfe. Er sollte den Droiden R2-D2 zu einer Rebellenfestung auf einem entlegenen Planeten bringen. Der Droide führte die Pläne des gefürchteten Todessterns mit sich. Daraufhin begab sich Luke auf die Suche nach dem General Kenobi, einem alten Kameraden seines Vaters. Die Dialoge des Drehbuchs waren immer noch knöchrig und oberflächlich, doch diese Version war ein bedeutender Schritt in die richtige Richtung.

Lucas war aber mit den visuellen Beschreibungen im Drehbuch nicht glücklich. Er glaubte, daß sich niemand außer ihm selbst dieses neue Universum vorstellen konnte. So nahm er Kontakt mit Ralph McQuarrie auf, einem Illustrator der Boeing-Aircraft-Werke. McQuarrie sollte fünf Produktionsgemälde erstellen, keine Skizzen. *Star Wars* sollte visuell zum Leben erweckt werden. Die Bilder sollten den Betrachter beeindrucken und helfen, das endgültige Drehbuch an Fox zu verkaufen. Genau das taten sie.

Lucas bekam nach der Präsentation von McQuarries Bildern grünes Licht, mit der Preproduction und einem ersten Casting für *Star Wars* zu beginnen.

Er wußte, daß die Besetzung der Rollen entscheidend für den Erfolg werden würde. Er wollte junge, unbekannte Darsteller einsetzen, um zu vermeiden, daß sich die Zuschauer fragten, wer wohl in diesem oder jenem Kostüm steckte. 20th Century-Fox wollte mindestens zwei bekannte Darsteller in den Hauptrollen, um das Risiko an der Kinokasse zu reduzieren. Lucas ignorierte die Wünsche des Studios.

Lucas tat sich mit seinem Freund Brian De Palma zusammen, der ein Casting für seinen Film *Carrie* angesetzt hatte. Beide suchten ähnliche Darstellertypen. De Palma übernahm die Federführung bei den Vorsprechterminen, während sich Lucas damit begnügte, im Hintergrund zu bleiben und Notizen zu machen.

Mehr als zwei Monate lang sahen sie in einem Büro der alten Samuel Goldwyn Studios 30 bis 40 Schauspieler am Tag. Am

Sir Alec Guinness (Obi-Wan Kenobi).

Ende hatte sich Lucas zwei Darstellergruppen für seine Hauptrollen zusammengestellt. Die erste bestand aus Will Selzer als Luke Skywalker, Christopher Walken als Han Solo und Terri Nun als eine mögliche Leia. Die andere Gruppe bestand aus Mark Hamill, Harrison Ford und Carrie Fisher. Lucas entschied sich dann für die Gruppe zwei.
Seine Entscheidung stieß auf wenig Beifall. Fox hatte von diesen Leuten noch nie etwas gehört, und sogar Lucas' Mentor, Francis Ford Coppola, hielt das Risiko, so unerfahrene Darsteller anzuheuern, für zu groß. Doch Lucas ließ sich nicht be-

irren. Nun waren aber noch die Rollen der Nebendarsteller zu besetzen, wie die des alten Jedi-Ritters Obi-Wan Kenobi. Lucas wollte jemanden wie Alec Guinness. Zufällig drehte Guinness zu jener Zeit in Hollywood den Film *Murder by Death/Eine Leiche zum Dessert*. Eines Morgens fand Alec Guinness ein Drehbuch in seinem Schminkraum, von dem niemand wußte, wie es dort hingekommen war. Das Titelblatt zeigte einen jungen Mann mit einem gezogenen Schwert. Guinness las normalerweise keine unverlangten Drehbücher und schon gar keine Science-fiction-Geschichten, doch nachdem er einige Seiten »gekostet« hatte, wollte er das Buch nicht mehr aus der Hand legen. Ein Mittagessen mit dem verwegenen jungen Absender wurde arrangiert. Guinness war von Lucas' Alter und dessen Selbstbewußtsein beeindruckt. Er machte Lucas einige Vorschläge, wie Obi-Wans Charakter interessanter gestaltet werden könnte, und Lucas nahm die Vorschläge willig auf. Darauf nahm Guinness die Rolle an. Lucas konnte Fox endlich einen bekannten Namen melden.

Die langsam eintrudelnden Einnahmen aus *American Graffiti* ermöglichten es Lucas, nun auch ohne zusätzliches Geld von Fox weiterzumachen. Er engagierte Colin Cantwell, einen Veteranen von *2001,* die Raumschiffe zu entwerfen. Alex Tavoularis zeichnete erste vorläufige Storyboards, basierend auf den Gemälden von Ralph McQuarrie, während McQuarrie selbst weitere neue Entwürfe herstellte. Bis das Projekt im Dezember 1975 von Fox grünes Licht erhielt, hatte Lucas ungefähr eine Million Dollar seines eigenen Geldes investiert. Falls sich Fox von dem Projekt zurückgezogen hätte, wäre Lucas pleite gewesen. Doch er war nur zu willig, das Risiko auf sich zu nehmen. Er wußte nun, daß er diesen Film machen würde, egal was da kommen würde.

Diese Zuversicht wurde von Fox nicht geteilt. Das ursprünglich von Lucas versprochene Budget von 3,5 Millionen Dollar wich nun einem realistischen Budget von 12 Millionen. Fox verlangte von Lucas und seinem Produzenten Kurtz, es auf

5,5 Millionen zu kürzen. Lucas und Kurtz wußten, daß dies unmöglich war. Lucas schlug einen Kompromiß vor: 10 Millionen. Fox hatte das Gefühl, daß es sich um einen verdammt faulen Kompromiß handelte, stimmte aber letztendlich zu, falls die beiden noch einmal um zehn Prozent nachgeben würden. Man einigte sich auf 8,5 Millionen Dollar. Lucas stimmte zähneknirschend zu. Er wußte, falls irgend etwas

Han Solo und Chewbacca.

schieflaufen sollte, würde *Star Wars* sofort das vereinbarte Budget überschreiten.

Lucas war von Fox' Pfennigfuchserei enttäuscht. Er war sich nicht sicher, ob sich das Studio von dem Projekt verabschieden wollte oder ob es sich nur um die in Hollywood übliche Feilscherei handelte, wo jeder von jedem annahm, daß er ihn betrügen wollte, und daher alle Budgets übertrieben wurden. Doch das Budget von 12 Millionen für *Star Wars* war nicht übertrieben, sondern realistisch.

Ende 1975 hatte Fox das »Projekt *Star Wars*« immer noch nicht abgesegnet. Alan Ladd zweifelte daran, daß *Star Wars* für den vorgesehenen Weihnachts-Starttermin 1976 fertig sein würde. Und das Budget fing wieder an zu wachsen. Lucas bestand weiterhin auf 10 Millionen. Doch Ladd konnte ihm das Geld nicht geben, selbst wenn er es gewollt hätte. Er brauchte dazu die Zustimmung des Aufsichtsrats von Fox. Dieser bestand zumeist aus reinen Geschäftsleuten, die nicht viel mit Filmen am Hut hatten. Einige Mitglieder des Aufsichtsrats haßten *Star Wars* so sehr, daß sie sich weigerten, den Titel des Films in den Mund zu nehmen, und nannten das Projekt schlicht »diesen Wissenschaftsfilm«. Es war ein Projekt, dessen Budget von 3,5 Millionen auf 10 Millionen geklettert war, ohne daß auch nur ein Meter Film gedreht worden war. Doch eine genaue finanzielle Analyse ließ das Risiko für Fox überschaubar erscheinen, und der Aufsichtsrat gab sein Okay. Die Probleme von Lucas waren jedoch mit der Entscheidung von Fox nicht gelöst. Das Drehbuch war immer noch nicht fertig. Im Gegenteil, Lucas schien weiter davon entfernt als je zuvor. Er konnte zum Beispiel Obi-Wan Kenobis Geschichte nicht auflösen. Der alte Mann war furchtbar wichtig für die Exposition des Films, aber in der zweiten Hälfte hatte er einfach nichts zu tun. »Der Charakter stand herum, mit seinem Daumen im Ohr«, sagte Lucas. Seine Frau Marcia meinte, Obi-Wan sollte sterben. Er könne Luke ja als eine Art Astralwesen weiter beraten.

Als Lucas mit Gary Kurtz in England nach einem brauchba-

R2-D2 Darsteller Kenny Baker.

ren Studio suchte, teilte er Alec Guinness mit, daß er sich nach ungefähr der Hälfte des Films in ein Energiewesen verwandeln würde und nur noch seine Stimme zu hören wäre. Guinness war von der Idee nicht sehr begeistert. Er drohte damit, die Rolle nicht zu übernehmen. Schwierige transatlantische Verhandlungen folgten, bis Guinness dann doch dazu bewogen werden konnte zu bleiben.

Kurz vor Drehbeginn bat Lucas seine ehemaligen Studienkollegen Bill Huycks und Gloria Katz, die Dialoge im Drehbuch zu überarbeiten. Die beiden gaben dem Ganzen etwas mehr Humor und Schmiß, insbesondere der Beziehung zwischen Prinzessin Leia und dem Schmuggler Han Solo. Lucas war mit dem Ergebnis zufrieden und versprach den Freunden einen Anteil am Gewinn von *Star Wars*.

Am 25. Mai 1976 ging *Star Wars* in Tunesien in Produktion – und es regnete. Tunesien war als Drehort für die Szenen auf dem Wüstenplaneten Tatooine ausgewählt worden, und es regnete wie schon seit 50 Jahren nicht mehr. Wenn man nach dem Wetter urteilte, standen die Omen schlecht für *Star Wars*. Die schneidenden Winde und die bittere Kälte des Winters in der Sahara machten dem Drehteam schwer zu schaffen. Die in England vorgefertigten Kulissen waren so gigantisch, daß das Team ganze vier Tage brauchte, um sie vom Produktionslager bei Nefta 60 Kilometer in die Wüste zu schaffen. Der Sandcrawler, ein sich auf Raupen fortbewegendes Ungetüm, war zwei Stockwerke hoch und 30 Meter lang. In der Nacht bevor man mit dem Sandcrawler drehen wollte, wütete ein schrecklicher Sandsturm und nahm das Raupengefährt völlig auseinander, bließ dessen Einzelteile durch die Wüste. Man benötigte einen ganzen Tag, um den Sandcrawler wieder in seinen alten Zustand zu versetzen.

Tunesien mit seiner nordafrikanischen Architektur hatte den Look, den Lucas für die Anfangssequenz von *Star Wars* suchte. In Nefta und dem nahegelegenen Jerba gab es Häuser mit weißen Kuppeln und Wohnungen, die tief unter der Erde lagen. Lucas mochte den fremdartigen Stil dieser Kultur sehr

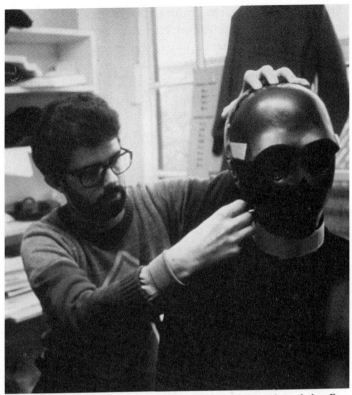

George Lucas überprüft die Maske von C-3PO, während der Preproduction von Star Wars.

gern und machte daraus den Heimatort seines Helden, Luke Skywalker.
Von den Hauptdarstellern waren nur Mark Hamill und Alec Guinness und die Darsteller der beiden Droiden mit auf die Reise gekommen. Dann gab es da noch eine Gruppe Jawas, kleine Kreaturen, deren Gesichter – bis auf zwei gelbe Augen – von braunen Kutten verhüllt wurden. Unter den Kutten befanden sich fünf tunesische Kinder, ein englischer Zwerg, ein französisch-tunesischer Zwerg und die beiden Töchter von Produzent Gary Kurtz.

Die Dreharbeiten waren mörderisch. Die beiden Darsteller der Droiden hatten große Probleme. Anthony Daniels spielte den C-3PO, einen goldenen, menschenähnlichen Droiden, der sehr an eine Figur aus Fritz Langs *Metropolis* erinnerte. Daniels wurde in dem Kostüm böse malträtiert. Die Ecken und Kanten der goldenen Rüstung verletzten ihn ständig. Er konnte sich kaum bewegen. Kenny Baker, ein Zwerg, spielte den an einen Mülleimer erinnernden Droiden R2-D2. Hier funktionierte gar nichts.

Komplexe ferngesteuerte Elektronik sollte es dem kleinen Roboter R2-D2 erlauben, sich zu bewegen, doch sie fing nur tunesische Radiosender auf. Baker mußte den Roboter von innen handsteuern. Es war in der Maschine so laut, daß er nie hören konnte, wenn eine Szene beendet wurde. Ein Mitglied des Drehteams mußte mit einem Hammer auf seine Hülle schlagen, um ihn anzuhalten.

Schließlich wurden beide, die komplizierte Elektronik und Baker, entfernt, und Lucas zog den kleinen Droiden persönlich mit einer unsichtbaren Pianosaite durch den Sand. Ganze Tage wurden damit verbracht, den kleinen Roboter zu filmen, wie er sich nur ein paar Meter bewegte.

Nichts funktionierte, wie es sollte. Zudem zerkratzte der harsche Wind die Linsen der Kameras. Doch Lucas trieb sein Team unerbittlich weiter. Kaum jemand bekam mehr als vier Stunden Schlaf pro Nacht. Schutzbrillen gegen plötzlich aufkommende Sandstürme wurden ausgegeben. Neben der Kälte, dem Sand, dem Wind und dem Schlamm lichtete Durchfall die Reihen der Kämpfer.

Doch als die Crew Tunesien wieder verließ, hatte Lucas mehr oder weniger alles an Außenaufnahmen, was er für den Film benötigte. Einige Einstellungen mit R2-D2 fehlten zwar, doch diese konnte man unter Umständen im Death Valley in den USA nachdrehen.

In Matama, wo die Menschen unter der Erde leben, ziert bis heute ein kleines Schild den Eingang zum Dorf: »*Star Wars* was filmed here.«

Nach dem Ende der Außendreharbeiten zog die *Star Wars*-Crew nun für die Studioaufnahmen in die Elstree Studios außerhalb Londons um. Hier waren inzwischen neun große Studiohallen mit Kulissen gefüllt worden, darunter auch Han Solos Raumschiff, der Millennium-Falke, in voller Größe.
Wiederum, wie schon in der Wüste Tunesiens, standen auch die Dreharbeiten in Elstree unter keinem guten Stern. Die britischen Mitglieder des Drehteams wußten nicht, was sie von einem Film halten sollten, in dem zwei Blechbüchsen die Hauptrollen spielten. Sie einigten sich darauf, nichts davon zu halten, und ließen dies Lucas auch deutlich spüren.
Lucas war von der Ablehnung des britischen Teams tief getroffen und fühlte sich außerstande, die Situation zu ent-

George Lucas und Crew in der Wüste Tunesiens.

schärfen. Die britischen Filmarbeiter hielten sich für die besten der Welt, waren stolz auf ihr handwerkliches Können und wollten sich nicht von einem Filmstudenten in Sneakers, Jeans und T-Shirts sagen lassen, wie sie ihre Arbeit zu erledigen hatten.
Der Höhepunkt der Auseinandersetzung fand zwischen Lucas und seinem Kameramann Gil Taylor statt. Taylor war ein alter Hase, schon ewig im Geschäft und Veteran zweier Filme, die Lucas bewunderte, *A Hard Day's Night* und *Dr. Strangelove*. Lucas hatte sich eine genaue Farbdramaturgie für den

Kameramann Gilbert Taylor, der sich mit Lucas überwarf.

Film ausgedacht. Während der Eröffnungssequenzen auf dem Wüstenplaneten Tatooine sollten warme, organische Farben bestimmend sein. Wenn sich der Film seinem Ende näherte, der Schlacht mit dem Imperium, sollten diese immer mehr Grautönen weichen, den Farben der Technologie. Außerdem sollten einige Szenen einen verschleierten, verschwommenen Eindruck hinterlassen, wie in Märchenfilmen. Taylor weigerte sich aber, Weichzeichnerlinsen zu verwenden, außerdem haßte er die bulligen Vistavision-Kameras, die er wegen der Spezialeffekte verwenden mußte. Lucas entdeckte, daß sich Führungskräfte von Fox hinter seinem Rücken bei Taylor beschwert hatten, daß viele Szenen zu verschwommen seien, und verlangt hatten, daß er dies abstellen solle. Lucas war stinksauer. Nicht nur auf das Studio, sondern auch auf seinen Kameramann, der ihn betrogen hatte. Doch Taylor ließ sich nichts von Lucas sagen, und das Ganze führte so weit, daß Lucas, gegen Taylors Willen, eigenhändig die Kamera umstellte und die Scheinwerfer neu postierte. Ein absoluter Tiefschlag für jeden Kameramann.

Lucas mußte Taylor feuern, wollte dies aber nicht selbst tun und überließ es seinem Produzenten Gary Kurtz. Kurtz, als Mensch so verschlossen wie Lucas, scheute ebenfalls die Konfrontation. Er und Lucas waren inzwischen so unbeliebt bei ihrem britischen Team, daß er Angst hatte, die gesamte Crew würde den Kram hinschmeißen, wenn Taylor ginge. Die Entscheidung wurde vertagt.

Um seine Darsteller mußte sich Lucas nie Sorgen machen. Er hatte sie sorgfältig ausgewählt und vertraute seinem ursprünglichen Instinkt. Lucas ist kein Regisseur, den Schauspieler lieben, dafür ist er viel zu verschlossen, bleibt zu sehr im Hintergrund. Seine Anweisungen für die Darsteller waren zumeist einsilbig, wie »schneller« oder »intensiver«. Jedes Schauspielers Alptraum.

Mark Hamill erinnert sich an eine Szene im Millennium-Falken mit Luke, Han, Ben Kenobi und den Droiden. »Alle hatten ihren Dialog korrekt aufgesagt, was bei diesen Dialo-

Han Solo und Chewbacca versuchen aus dem Todesstern zu entkommen.

gen gar nicht einfach war, und die Szene war vorbei. Wir schauten umher. George Lucas saß auf einem Kamerakran und sagte, ›Uh ... machen wir es noch mal, nur diesmal ... macht es besser.‹«

Die Kette der Katastrophen riß nicht ab. Stuart Freeborn, der Make-up-Designer, verantwortlich für das Erscheinungsbild der außerirdischen Lebensformen, mußte zwei Wochen nach Beginn der Produktion ins Krankenhaus. Die meisten Masken der Aliens waren noch nicht fertiggestellt. Die ferngesteuerte Version von R2-D2 funktionierte auch im Studio nicht viel besser und fuhr ständig Menschen und Material über den Haufen. Die Pyrotechniker waren zu großzügig mit einigen Ladungen und sprengten irrtümlich ganze Kulissen in die Luft. Einige Stuntmen holten sich in den klobigen Kostümen Prellungen, und einer mußte sogar ins Krankenhaus eingeliefert werden.

Lucas wurde das Gefühl nicht los, daß alles schiefging, was schiefgehen konnte, daß der Film auseinanderzufallen drohte. Auf zu viele Dinge, auf die er großen Wert legte, mußte er verzichten. Dies belastete ihn auch physisch. Freunde waren alarmiert, als sie ihn in London besuchten. Lucas war blaß und nervös und klagte über ständige Kopf- und Magenschmerzen. Und es wurde nicht besser. *Star Wars* fiel weiter hinter den

Han Solo im Falken.

Zeitplan zurück. Es wurde in Kulissen gedreht, die gerade erst fertiggestellt worden waren. Während auf der einen Seite schon gedreht wurde, wurde die andere noch angestrichen. In Hollywood bekam auch Alan Ladd bei Fox ein ungutes Gefühl. *Star Wars* hatte schon jetzt sein Budget überschritten und lag weit hinter dem Zeitplan zurück. Auch die Spezialeffekt-Spezialisten von Lucas' eigenem Studio Industrial Light & Magic (ILM) schienen keine großen Fortschritte zu machen. Als ein Verantwortlicher von Fox die Leute von ILM in ihrem ausrangierten Warenlager in Van Nuys besuchte, waren die gerade dabei, einen Kühlschrank vom Dach zu werfen.

Der geplante Weihnachtsstart 1976 mußte von Ladd gestrichen werden, und der Sommer 1977 wurde als neuer Starttermin vorgesehen. Ladd beschloß, selbst nach London zu fliegen und nach dem Rechten zu sehen. Seit dem Streit mit Kameramann Taylor hatte Lucas kein Filmmaterial mehr nach Hollywood zu Fox geschickt. Ladd hatte also bis dahin noch fast gar nichts von *Star Wars* gesehen. Doch was er nun in Elstree erlebte, brachte ihn an den Rand eines Nervenzusammenbruchs. Man führte ihm einen 40minütigen Zusammenschnitt vor von dem, was man bisher gedreht hatte. Ladd fand, es sei eine Katastrophe. Die Szenen waren noch ohne Musik und ohne Spezialeffekte. Der Dialog war lächerlich, die Beleuchtung uneinheitlich, und die Einstellungen paßten oft nicht zueinander.

Schwer angeschlagen kehrte Ladd nach Hollywood zurück. Auch Lucas war von dem Treffen mitgenommen. Er wünschte sich, daß Ladd den Zusammenschnitt nie zu Augen bekommen hätte. Seine Frau Marcia, eine exzellente Cutterin, sagte ihm zu, den Film ganz auseinanderzunehmen und neu zu schneiden. Aber das Selbstvertrauen von Lucas war erschüttert. War der Film wirklich so schlecht? Würde Fox ihm den Film jetzt vielleicht wegnehmen?

Ein möglicher Anlaß dafür bot sich schon zwei Wochen später. Lucas hatte die Eröffnungsszene des Streifens zu filmen, den Angriff der imperialen Sturmtruppen auf Prinzessin Lei-

X-Wings der Rebellen greifen den Todesstern an.

as Schiff. Art Director John Barry hatte dafür eine Kulisse mit Versatzstücken aus schon gebrauchten Kulissen zusammengeschustert. Lucas sah sofort, daß das nie funktionieren würde. Aber es war kein Geld für eine neue Kulisse mehr da. Gary Kurtz sollte bei Fox anfragen. Das Studio war wütend, aber Ladd gab noch einmal nach. Barry baute in zwei Wochen ein neues Dekor. Fox gab Lucas noch eine Woche, dann würde der Geldhahn abgedreht werden. Lucas mußte aber noch die Szenen drehen, in denen Leia das Hologramm in R2-D2 lädt, Vader einen imperialen General erdrosselt, und das meiste des Eröffnungskampfs.

Lucas nahm sein letztes Geld und engagierte zusätzlich zwei

weitere Kamerateams. Teilweise drehten drei Teams gleichzeitig in ein und derselben Kulisse. Robert Watts, der Produktionsleiter, drehte die Schlacht mit den Sturmtruppen, Gary Kurtz drehte mit den Robotern, und Lucas drehte Darth Vader. Hätte er diese Einstellungen nicht in den Kasten bekommen, hätte er keinen Film gehabt. Lucas fühlte sich von Fox betrogen.

Doch zu guter Letzt waren die Studioaufnahmen von *Star Wars* abgedreht, und Lucas gab sich für einen Moment der Illusion hin, er könne sich nun ein wenig zurücklehnen.

Wer sich mit dem Entstehungsprozeß von *Star Wars* näher beschäftigt, dem fällt auf, wie eng hier Erfolg und totale Katastrophe beieinanderlagen. Der Film war kurz davor, völlig auseinanderzufallen und als eines der größten Desaster in die Filmgeschichte einzugehen. Nirgendwo war dies deutlicher zu beobachten als in der Sparte der optischen Spezialeffekte.

Lucas war sich der Problematik eines jeden Science-fiction-Films völlig bewußt: Die Glaubwürdigkeit einer erfundenen neuen Welt hängt ganz stark von der Qualität der Spezialeffekte ab. Die Effekte müssen überzeugend genug sein, daß sich der Zuschauer auf das Abenteuer einläßt.

Aber Lucas wollte noch mehr. Die Effekte in *Star Wars* sollten nicht nur überzeugend sein, sondern spektakulär. Er gründete daher sein eigenes Spezialeffekte-Studio, Industrial Light & Magic. Lucas hätte ILM gern aus dem verhaßten Los Angeles mit nach San Francisco genommen. Doch der Stadt im Norden Kaliforniens fehlten die geeigneten Filmlabors. So mußte Lucas einmal pro Woche nach L. A. fliegen, sich einen Wagen mieten und zwei Stunden auf dem verstopften Ventura Freeway nach Van Nuys zu ILM fahren.

Dies tat er, nach seiner Rückkehr aus London, mit einem unguten Gefühl im Buch. Denn was er bisher in London von ILMs Fortschritten zu sehen bekommen hatte, war gelinde gesagt »Müll«. Ursprünglich war geplant gewesen, in Szenen mit Schauspielern, in denen man optische Effekte benötigte, diese per Rückprojektionsleinwand einzuspielen. Dies bedeutete für ILM, daß man diese Effekte vorproduzieren mußte, so daß sie bei den eigentlichen Dreharbeiten rechtzeitig zur Verfügung standen. Doch die Effektszenen, die in London eintrafen, waren unbrauchbar, einfach schrecklich. Sie sahen aus wie Szenen aus der *Flash Gordon*-Serie der dreißiger Jahre. Lucas mußte kurzerhand auf das teure und komplizierte Blue-Screen-Verfahren zurückgreifen, um weiterhin drehen zu können. Im Blue-Screen-Verfahren wird die Stelle, an der ein optischer Effekt eingesetzt werden soll, von einer blauen Leinwand markiert, die später herausgefiltert und mit dem Effekt ersetzt wird.

Nun war Lucas gespannt, was ILM seit dem Fiasko in London zustande gebracht hatte. Lucas war müde und blaß. Das war keine Überraschung, denn er hatte nach einer Besprechung

Duell zwischen Obi-Wan und Darth Vader.

mit seiner Frau akzeptieren müssen, daß der Film völlig neu geschnitten werden mußte, und dies würde ihn im Zeitplan um weitere Monate zurückwerfen. Um alles einigermaßen unter Kontrolle zu halten, mußte er in den folgenden Monaten drei Tage in der Woche bei ILM verbringen und die restlichen vier im Schneideraum. Da blieb kein Platz für eine Pause.

Nach seiner Ankunft bei ILM erhielt er den härtesten Schlag. ILM hatte nach einem Jahr Arbeit fast gar nichts Verwendbares vorzuweisen. Man hatte in einem Jahr genau drei Einstellungen fertiggebracht. Man hatte eine Million Dollar, die Hälfte des verfügbaren Budgets, für drei Einstellungen ausgegeben. Um dies in die richtige Perspektive zu rücken, muß man wissen, daß für *Star Wars* 365 optische Effekte benötigt wurden.

Zum erstenmal seit dem Beginn der Produktion verlor Lucas seine Beherrschung und griff den Chef von ILM, John Dykstra, verbal an. Dykstra, selbst kein Kind von Traurigkeit, hielt dagegen. Die hitzige Auseinandersetzung glitt schnell ins Persönliche ab.

Lucas hatte Dykstra vor einem Jahr noch eingeschärft, daß er keine teuren Hochtechnologie-Effekte wollte. Er wollte kein Geld in die Entwicklung neuer Techniken investieren. Es war Lucas egal, wie die Effekte zustande kamen, sie sollten nur gut aussehen.

Dafür hatte Dykstra eine ungewöhnliche Gruppe von jungen Science-fiction-Fans, Computerspezialisten und Filmstudenten zusammengestellt. ILM war für diese jungen Film- und Effektnarren eine Art zweites Zuhause geworden. Einige von ihnen, wie der Produktionsillustrator Joe Johnston, kamen frisch aus dem College direkt zu ILM.

Die ILM-Belegschaft arbeitete lange, wenn auch zu unregelmäßigen Zeiten. Leute erschienen erst um zehn Uhr morgens zur Arbeit, andere um drei Uhr nachts. Mit ihren langen Haaren, Bermudashorts und T-Shirts sahen sie aus wie die letzten Überlebenden von Woodstock.

Der Hangar der Rebellen-Allianz.

Noch am selben Abend, nach seinem Rückflug von L. A., wurde Lucas ins Marin-Krankenhaus in San Francisco eingeliefert. Die Ärzte diagnostizierten einen Kreislauf- und Nervenzusammenbruch.

Noch im Krankenhaus nahm Lucas sich vor, ILM (von der Belegschaft »Country Club« genannt) Feuer unter dem Hintern zu machen. Die goldenen Zeiten unter Dykstra waren vorbei. George Mather wurde der neue Chef und stellte sofort einen Zeitplan für die Fertigstellung der Effekte auf. Lucas überwachte persönlich die Kameraarbeiten. Dennis Murren leitete ein zweites Team, das von drei Uhr nachmittags bis Mitternacht arbeitete. Richard Edlunds Team arbeitete nun von acht Uhr morgens bis sechs Uhr abends. In diesem Stil sollte es sechs Monate weitergehen. Als die ersten guten Effekte erzielt wurden, schlug die Stimmung bei ILM wieder um. Es herrschte Aufbruchstimmung. Jeden Tag sah man im Vorführraum Dinge, die es noch nie auf Film gegeben hatte. ILM schuf nun tatsächlich Magie. Die optischen Spezialeffekte für *Star Wars* kosteten aber am Ende 3 Millionen Dollar, eine Million mehr als ursprünglich veranschlagt.

Lucas wußte, wenn aus *Star Wars* noch etwas werden sollte, dann lag es jetzt in den Händen seiner Frau Marcia. Der bisherige Schnitt des Films, die Struktur und das Tempo stimmten überhaupt nicht. Marcia fing ganz von neuem an, den Film zu schneiden. Doch es war definitiv zuviel Arbeit für sie allein. Lucas engagierte zusätzlich noch Richard Chew und Paul Hirsch. Doch die Last war immer noch erdrückend. Hirsch, der gerade Brian De Palmas *Carrie* beendet hatte, war verzweifelt.

Jeden Morgen ging Lucas von Schneidetisch zu Schneidetisch und gab den dreien Notizen, wie er sich den Schnitt bestimmter Szenen vorstellte. Im Januar stand der erste Schnitt des Films. Daraufhin nahm Marcia ein Angebot von Martin Scorsese an, *New York, New York* zu schneiden. Lucas wollte, daß sie blieb und den Film mit ihm ganz fertigstellte, aber Marcia hatte von *Star Wars* die Nase voll. Paul Hirsch übernahm den Rest der verbliebenen Arbeit.

Nun war Lucas in der Lage, Alan Ladd jr. zumindest einen Rohschnitt zu zeigen. Er hatte den Film mit Musik aus *Ben Hur* und Holtzs *The Planets* unterlegt, und an einigen Stellen fehlten noch die Spezialeffekte. Doch Ladd war sehr erleichtert. Es war sicherlich nicht das Desaster, das er und die Führungskräfte von Fox heimlich befürchtet hatten.

Die einzige wirklich angenehme Erfahrung für Lucas an *Star Wars* kam mit der Aufnahme von John Williams' Soundtrack in London mit dem London Symphony Orchestra. Williams gab jedem Charakter ein eigenes Thema, das sich in Variationen wiederholte.

Die Musik gab dem Film eine ganz neue Dimension. Ohne die Musik konnte man ihn nicht ernst nehmen, aber mit ihr hatte *Star Wars* etwas vom alten Hollywood. Die Musik von John Williams war das einzige Element des Films, das Lucas' Erwartungen übertraf.

Chewbacca

Als der Starttermin am 25. Mai 1977 näher rückte, war es an der Zeit, den Film einem Testpublikum zu zeigen. Lucas wählte dafür, wie bei *American Graffiti,* das Northpoint-Kino in San Francisco. Am 1. Mai, einem Sonntag morgen, wurde vor einem ausgewählten Publikum, Lucas' Freunden, Alan Ladd und einer Delegation von Fox *Star Wars* zum erstenmal öffentlich vorgeführt. Wie schon fünf Jahre zuvor bei *Graffiti* nahmen Lucas und Kurtz die Reaktionen des Publikums auf Kassette auf. Die Zuschauer spielten verrückt. Nun wußten alle, *Star Wars* würde funktionieren und zumindest die Investitionen von Fox wieder einspielen.

Das Imperium schlägt zurück

(The Empire Strikes Back) Episode V

»*Vor langer Zeit in einer weit, weit entfernten Galaxis ...*
Es ist eine schwere Zeit für die Rebellion. Obwohl der Todesstern zerstört werden konnte, haben imperiale Truppen die Einheiten der Rebellen von ihren Basen vertrieben und verfolgen sie durch die Galaxis.
Um einen Kampf mit der gefürchteten imperialen Sternenflotte zu vermeiden, hat eine Gruppe Freiheitskämpfer unter Führung von Luke Skywalker auf der entlegenen Eiswelt Hoth eine neue geheime Basis erbaut.
Der böse Lord Darth Vader, davon besessen, den jungen Skywalker zu finden, hat Tausende von Suchdroiden in die Weiten des Alls entsandt ...«

Der Film beginnt mit der Landung eines imperialen Suchdroiden auf der Eiswelt Hoth, während Luke und Han Solo einen Erkundungsgang um das Hauptquartier der Rebellen machen. Han kehrt zur Basis zurück und läßt Luke allein, der das gelandete Objekt näher untersuchen will. Dabei wird er von einem gefährlichen Ureinwohner Hoths, einem Wampa, angegriffen und in dessen Höhle verschleppt. In der Rebellenbasis werden die Signale des imperialen Suchdroiden aufgefangen. Han und Chewbacca sollen die Sache genauer untersuchen. Den beiden gelingt es zwar, den Droiden zu zerstören, aber der plötzliche Abbruch der Signale macht die imperiale Flotte neugierig. Darth Vader befiehlt eine großangelegte Landung auf Hoth.
Inzwischen ist Han darüber beunruhigt, daß Luke noch nicht zurückgekehrt ist. Er geht noch einmal hinaus in die Kälte, um seinen Freund zu suchen.
Luke ist zwar inzwischen den Fängen des Wampas entkom-

men, doch kurz davor, in den Schneestürmen Hoths zu erfrieren. Luke bricht zusammen. Da erblickt er eine Vision Obi-Wan Kenobis, die ihn anhält, den Jedi-Meister Yoda auf dem Planeten Dagobah aufzusuchen. In diesem Moment erscheint durch das Schneetreiben hindurch Han Solo, um seinen Freund zu retten.

Schon nach einigen Stunden landet eine imperiale Sturmeinheit auf Hoth, die sich mit ihren riesigen Gehern, AT-ATs (All Terrain Attack Transports), auf das Hauptquartier der Rebellen zuarbeitet. Sie soll die Energiequelle eines Schutzschilds ausschalten, der das Rebellen-Hauptquartier vor Angriffen aus dem All bewahrt. Die Rebellen beginnen sofort mit der Evakuierung ihrer Truppen und ihres Materials von Hoth, doch eine Blockade durch die imperiale Flotte fordert einen hohen Blutzoll.

Als imperiale Sturmtruppen in die Basis der Rebellen eindringen, werden Han, Leia, C-3PO und Chewbacca abgeschnitten und können gerade noch mit dem Millennium-Falken entkommen. Luke, der den Angriff der imperialen Einheiten nur knapp überlebt, verläßt Hoth zusammen mit R2-D2 in einem X-Wing-Jäger, aber statt sich mit anderen Überlebenden zu treffen, fliegt er nach Dagobah, den Anweisungen Obi-Wans folgend.

Für Han und Leia gestaltet sich die imperiale Blockade als ein echtes Hindernis. Darth Vader läßt sich einfach nicht abschütteln. Als auch noch der Hyperraumantrieb des Falken versagt, bleibt Han nichts anderes übrig, als die imperialen Jäger in einem dichten Asteroidenfeld abzuschütteln. Er versteckt den Falken in der Höhle eines größeren Asteroiden. Während Han und Leia versuchen, den Antrieb des Falken zu reparieren, fliegen imperiale Bomber Angriffe auf den Asteroiden, um ihre Beute herauszulocken. Han hilft Leia bei der Reparatur eines etwas störrischen Teils und nutzt die Gelegenheit, sie zu küssen.

Leider erweist sich die Höhle, in der Han den Falken geparkt hat, als alles andere als stabil. Han erkennt die Gefahr und

Was sich liebt, das neckt sich. Leia und Han in der Eishöhle.

jagt den Falken hinaus. Die Höhle ist in Wirklichkeit eine gigantische Raumschnecke, und obwohl Han gerade noch entkommt, muß er sich nun wieder mit den wartenden imperialen Schiffen herumschlagen. Han hat eine rettende Idee: Er befestigt den Falken an einem imperialen Sternenzerstörer und verschwindet so von Vaders Sensoren. Die imperiale Flotte durchkämmt den Abschnitt noch für eine Weile, ohne Erfolg. Währenddessen spricht Vader auf seinem Schiff zu einer Gruppe Kopfgeldjägern, darunter auch der berüchtigte Boba Fett. Vader bietet eine Belohnung für das Auffinden des Falken, aber Fett interessiert sich nur für Han. Er hat vor, den

Die Gefrierkammer auf Bespin.

Raumschmuggler dem Unterweltsboß Jabba the Hutt zu übergeben, dem Han noch eine Menge Geld schuldet.

Han, der immer noch an der Hülle des Sternenzerstörers klebt, wartet, bis die imperiale Flotte in den Hyperraum aufbricht. Die imperialen Schiffe entledigen sich vor dem Start ihres Unrats. Solo löst den Falken von der Hülle des Sternenzerstörers und gleitet mit dem Müll unbemerkt davon. So einfallsreich Hans Trick auch sein mag, Boba Fett kennt ihn. Han setzt Kurs auf den nächsten Ort, wo er glaubt, den Falken reparieren zu können – die Wolkenstadt Bespin, die von seinem alten Freund Lando Calrissian regiert wird – verfolgt von Boba Fett.

Luke hat inzwischen den Jedi-Meister Yoda gefunden und arbeitet hart daran, sein Wissen über die Macht zu vervollständigen und selbst ein Jedi-Ritter zu werden.

In der Wolkenstadt, die in schwindelerregender Höhe über dem Planeten Bespin schwebt, stellt sich Calrissians Freundlichkeit als ziemlich verlogen heraus, da er Han, Leia und Chewbacca in ein Zimmer zu Darth Vader und Boba Fett führt. Das Trio wird gefangengenommen, und Vader befiehlt, daß Han gefoltert werden soll.

Luke erfährt durch die Macht vom Leid seiner Freunde und macht sich, gegen den Ratschlag Yodas, auf den Weg nach Bespin.

Die Helden wiedervereint: Leia, Han, Luke und Chewie.

Irvin Kershner

Vader will Han dem Kopfgeldjäger überlassen, doch zuvor will er ihn in einem Block Karbonit einfrieren lassen. Falls Han überlebt, will Vader Luke derselben Behandlung unterziehen und ihn so dem Imperator übergeben. Han wird in die Gefrierkammer gebracht, wo Leia und Chewbacca auf ihn warten. Sekunden bevor er eingefroren wird, ruft ihm Leia zu: »Ich liebe dich!«
»Ich weiß!« antwortet Han lakonisch.
Luke landet auf der Wolkenstadt, als gerade Hans eingefrorener Körper in Boba Fetts Schiff verladen wird. Er ist nicht in der Lage, den Kopfgeldjäger davon abzuhalten, sich mit seinem Freund auf und davon zu machen.

Trotz einer Warnung Leias läßt sich Luke auf ein Lichtschwertduell mit Vader ein. Luke stellt sehr schnell fest, daß er seine Fähigkeiten überschätzt hat und auf Vader nicht vorbereitet ist. Er unterliegt Vader und verliert dabei seine rechte Hand. Vader enthüllt Luke, daß er in Wirklichkeit sein Vater sei, und fordert den jungen Jedi auf, sich ihm anzuschließen, so daß sie die Galaxie zusammen beherrschen können. Luke lehnt die verlockende Offerte ab und stürzt sich in einen endlos tief scheinenden Schaft. Eine Antenne an der Unterseite der Wolkenstadt fängt ihn ab. Zerschlagen und blutend hängt Luke viele Kilometer hoch über der Oberfläche von Bespin.

Inzwischen hat Calrissian Leia und Chewbacca davon überzeugt, daß er von Vader gezwungen wurde, Han zu verraten, oder die Wolkenstadt wäre vom Imperium zerstört worden. Die drei beschließen, mit dem Millennium-Falken zu fliehen. Als sie abheben, bittet Luke telepathisch Leia um Hilfe, und sie rettet ihn aus seiner Lage.

Später, auf dem Flaggschiff der Rebellen, verabschieden sich Luke und Leia von Calrissian und Chewbacca, die sich mit dem Falken auf die Suche nach Han Solo machen.

Credits

Eine Lucasfilm-*Produktion*. Im *Verleih* der Twentieth Century-Fox Film Corporation. *Regie* Irvin Kershner. *Produzent* Gary Kurtz. *Drehbuch* Leigh Brackett, Lawrence Kasdan. *Story* George Lucas. *Ausführender Produzent* George Lucas. *Produktionsdesigner* Norman Reynolds. *Kamera* Peter Suschitzky, B.S.C. *Schnitt* Paul Hirsch. *Visuelle Spezialeffekte* Brian Johnson, Richard Edlund. *Koproduzent* Robert Watts, Jim Bloom. *Musik* John Williams. *Gespielt* vom London Symphony Orchestra. *Design Consultant & Conceptual Artist* Ralph McQuarrie. *Art Directors* Leslie Dilley, Harry Lange, Alan Tomkins. *Storyboards* Ivor Beddoes. *Make-up-Design* Stuart Freeborn. *Kostümdesign* John Mollo. *Tondesign* Ben

Burtt. *Mechanische Effekte* Nick Allder. *Miniaturen und optische Effekte* Dennis Murren. *PFX Art Director* Joe Johnston. *Matte Artist* Harrison Ellenshaw.

Darsteller: Mark Hamill (Luke Skywalker), Carrie Fisher (Prinzessin Leia Organa), Harrison Ford (Han Solo), Billy Dee Williams (Lando Calrissian), Anthony Daniels (C-3PO), David Prowse (Darth Vader), Peter Mayhew (Chewbacca), Kenny Baker (R2-D2), Frank Oz (Yoda), Alec Guinness (Ben Kenobi), Jeremy Bulloch (Boba Fett), John Hollis (Landos Assistent), Jack Purvis (Chef Ugnaught), Des Webb (Wampa), Stimme des Imperators (Clive Revill), Kenneth Colley (Admiral Piett), Julian Glover (General Veers), Michael Sheard (Admiral Ozzel), Michael Culver (Captain Needa), Bruce Boa (General Rieekan), Christopher Malcom (Zev), Dennis Lawson (Wedge), Richard Oldfield (Hobbie), John Morton (Dak), Ian Liston (Janson), John Ratzenberger (Major Derlin), Jack McKenzie (Deck-Leutnant).

Aufgenommen auf dem Härdangerjøkulen-Gletscher, Finse, Norwegen, und in den EMI Elstree Studios, Borehamwood, England.

The Making of
Das Imperium schlägt zurück

»Tu' es oder tue es nicht. Es gibt kein Versuchen.«

YODA

George Lucas ließ nie einen Zweifel daran, daß es eine Fortsetzung zu *Star Wars* geben würde. Er hatte die Saga für neun Teile konzipiert und wollte zumindest die erste Trilogie auf die Leinwand bringen. *Star Wars* hatte ihn persönlich um 30 Millionen Dollar reicher gemacht, und er suchte nun nach einem Weg, sein neues Vermögen gut anzulegen. Lucas glaubte, er selbst sei die beste Investition. Er lieh daher seiner Produktionsfirma Lucasfilm 20 Millionen, um *Das Imperium schlägt zurück/The Empire Strikes Back* zu finanzieren. Er war sich durchaus bewußt, daß er genauso wie Lucasfilm in finanziellen Schwierigkeiten stecken würde, wenn *Imperium* beim Publikum nicht ankommen sollte.

Vertraglich war Lucas dazu verpflichtet, eine Fortsetzung innerhalb von zwei Jahren abzudrehen, oder die Rechte dazu würden an die 20th Century-Fox übergehen, zusammen mit den Rechten für alle zukünftigen *Star Wars*-Filme. Soweit wollte Lucas es nie kommen lassen. Er würde *Imperium* mit seinem eigenen Geld machen, auf seine Art, oder es würde gar keinen Film geben. Fox, immer noch damit beschäftigt, die Einnahmen von *Star Wars* zu zählen, spekulierte ebenfalls schon mit der Möglichkeit einer Fortsetzung. Doch nun gab es eine böse Überraschung. Man stellte fest, daß man 1975 leichtfertig die Rechte dafür an Lucas abgetreten hatte. Man hatte zwar ein Mitspracherecht bei einer Fortsetzung, mehr aber auch nicht. Nun wollte Lucas den zweiten Teil auch noch selbst finanzieren und den Vertrag mit Fox neu verhandeln. Da Lucas nicht auf Fox' Geld angewiesen war, war dem Studio seine Trumpfkarte genommen. Lucas konnte nun die Be-

dingungen diktieren, und das tat er auch. Er reduzierte Fox'
Rolle zu der eines reinen Verleihers. Fox war aufgebracht,
mußte aber in den sauren Apfel beißen. Lucas gab Fox zu verstehen, daß er keine Sekunde zögern würde, mit *Star Wars* zur
Konkurrenz zu gehen, wenn das Studio sich querstellte.
Auf die Anfrage von Fox, wer die Fortsetzung schreiben, wer
Regie führen und wer darin spielen würde, antwortete er
schroff: »Geht euch nichts an.«
Lucas war nervös, als er damit begann, am zweiten Teil zu *Star
Wars* zu arbeiten. Er wußte, der Film würde mit *Star Wars* verglichen werden, und da *Imperium* dunkler und weniger humorvoll sein würde, befürchtete er, seine Zuschauer vor den
Kopf zu stoßen.
Doch zunächst mußte die Fortsetzung geschrieben werden.
Lucas wollte nicht den qualvollen Prozeß von *Star Wars* wiederholen. Er hatte nur vor, ein Treatment zu schreiben und
die Ausarbeitung eines Drehbuchs einem professionellen Autor zu überlassen. Die Regie wollte er sowieso jemand anderem überlassen. Lucas entschied sich für die Drehbuchautorin Leigh Brackett. Sie war eine Veteranin Hollywoods
und hatte Filme wie *The Big Sleep/Tote schlafen fest*, *Rio Bravo* und *Hatari* geschrieben. Lucas traf sich mit Brackett, erklärte ihr die Story und übergab ihr seine Notizen.
Im März 1978 lieferte sie ihre erste Fassung des Drehbuchs
ab. Dies war auch zugleich ihre letzte. Sie starb eine Woche
später an Krebs.
Das fast schon sprichwörtliche *Star Wars*-Pech schien Lucas
wieder zu verfolgen. Er hatte eine Drehbuchfassung, an der
noch viel gearbeitet werden mußte, und die Preproduction für
Imperium würde bald beginnen, was bedeutete, das Drehbuch mußte sofort fertiggestellt werden. Es blieb ihm nichts
anderes übrig, als es selbst zu tun.
So fand sich Lucas in seinem verhaßten Schreibzimmer wieder, um den Film zu schreiben, von dem er geschworen hatte,
daß er ihn nie schreiben würde.
Als im August 1978 Lawrence Kasdan sein Drehbuch für *Rai-

Luke Skywalker auf einem Tauntaun.

ders of the Lost Ark ablieferte, lud ihn Lucas zum Essen ein. Er erklärte Kasdan die Sache mit Brackett und daß er verzweifelt nach einem geeigneten Autor für *Imperium* suche. Kasdan verstand sofort und schluckte. »Glaubst du nicht, daß du zunächst einmal *Raiders* lesen solltest?« fragte Kasdan. »Nun, wenn ich es hassen sollte, ruf' ich dich an, und wir vergessen das Ganze«, lächelte Lucas.

Kasdan sollte nie das komplette Drehbuch von Brackett zu Gesicht bekommen. Lucas überreichte ihm eine von ihm selbst überarbeitete Fassung. Die Geschichte war gut ausgearbeitet und strukturiert, aber Kasdan las auch Passagen, die so schlecht waren, daß er nicht glauben konnte, daß Lucas sie

Der Meister der Macht: Yoda.

geschrieben hatte. Lucas hatte nun seinen Autor gefunden, einen Regisseur zu finden würde schwieriger werden.
Er wollte jemanden, dem er vertrauen konnte und der *Star Wars* nicht zynisch gegenüberstand; außerdem mußte er willig sein, unter Lucas zu arbeiten. Denn Lucas hatte ja keineswegs vor, sich zurückzuziehen. Als Executive Producer woll-

te er die Fäden weiterhin in der Hand behalten, nur die unangenehmen Dinge, wie sich mit Schauspielern herumplagen zu müssen, einem »hired gun« überlassen. Gary Kurtz stellte für ihn eine Liste mit über 100 möglichen Kandidaten zusammen. Lucas verringerte diese auf ungefähr 20 Namen, bevor er deren Filme anschaute.

Lucas entschied sich für Irvin Kershner, der einer seiner Lehrer an der USC gewesen war. Kershner kannte Lucas und Kurtz noch von der Uni, war aber nie mit ihnen eng befreundet gewesen.

Lucas warnte Kershner, daß dies das schwierigste Projekt in seiner bisherigen Karriere werden würde. Kershner hatte sein Debüt 1958 mit dem Film *Stakeout on Dope Street/Rauschgift* gegeben. Danach drehte er so unterschiedliche Filme wie

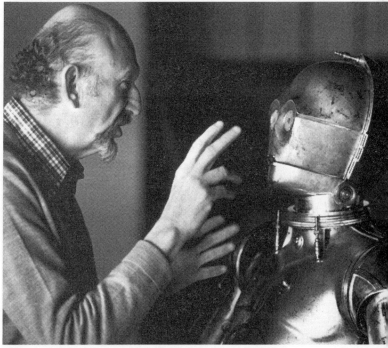

Kershner unterhält sich mit C-3PO.

Loving (1970), *Raid on Entebbe/... die keine Gnade kennen* (1977) und den von John Carpenter geschriebenen Thriller *The Eyes of Laura Mars/Die Augen der Laura Mars* (1978). Kershner hatte zunächst Zweifel. Lucas war als starrköpfig bekannt, und Kershner brauchte seine kreative Freiheit. Als Lucas ihm diese zusicherte, nahm er schließlich an. Kershner reiste nach London, um mit der Preproduction von *Imperium* zu beginnen.

Das restliche Team für *Imperium* war schnell versammelt, zumeist Veteranen von *Star Wars:* Koproduzent Robert Watts, Produktionsdesigner Norman Reynolds, Make-up-Designer Stuart Freeborn, Kostümdesigner John Mollo, Illustrator Ralph McQuarrie, Cutter Paul Hirsch und Komponist John Williams.

Lucas war sich nicht schlüssig, ob er Gary Kurtz wieder als Produzenten verpflichten sollte. Er konnte sich noch genau an die Schwierigkeiten mit Gil Taylor bei *Star Wars* erinnern. Lucas ahnte zwar, daß es wieder Schwierigkeiten geben würde, doch war er auch der Meinung, Kurtz eine zweite Chance schuldig zu sein.

Das Drehbuch steckte inzwischen wieder in Schwierigkeiten. *Imperium* hatte ein klassisches Rache-Plot. Lucas teilte Kasdan mit, daß er im Drehbuch keine Zeit damit verschwenden sollte, Schlüsselelemente aus *Star Wars* noch einmal vorzustellen, sondern daß er sofort voll in die Geschichte von *Imperium* einsteigen sollte. Dies war eine gefährliche Entscheidung, denn Zuschauer, die *Star Wars* nicht gesehen hatten, würden völlig desorientiert sein. Lucas machte allen Beteiligten klar, daß es sich bei *Imperium* um den zweiten Teil einer Trilogie handelte und nicht um ein Sequel, das man sich aus den Fingern saugen mußte. Kasdan machte sich in den Storykonferenzen mit Lucas unzählige Notizen und fuhr nach Los Angeles zurück. Er hatte immer noch ein ungutes Gefühl dabei, die Fortsetzung zum erfolgreichsten Film aller Zeiten zu schreiben.

Imperium hatte drei klar definierbare Akte, jeder ungefähr

Chewbacca hat Probleme mit dem Antrieb des Falken.

35 Minuten lang. Das Drehbuch, hatte Lucas gesagt, sollte nicht länger als 105 Seiten werden, kurz und kompakt.
Als Kasdan mit seinen ersten 25 Seiten zurückkam, wurden diese von Lucas, Kershner und Kurtz in der Luft zerrissen.
»Nein, das ist nicht, wie ich es haben will«, sagte Lucas.
Kasdan bemerkte schnell, daß Lucas gute Dinge in einem Text ignorierte und sich nur auf das Negative konzentrierte. Er vernachlässigte gern die emotionalen Inhalte einer Szene zugunsten der Action. Lucas wollte so schnell wie möglich von einer Szene zur nächsten kommen.
Kurtz stellte fest, daß *Imperium*, wie vor ein paar Jahren *Star Wars*, in echten Schwierigkeiten war. Die Hauptkonflikte zwischen den Charakteren wurden nicht in *Imperium* aufgelöst,

sondern auf den nächsten Teil der Saga verschoben. Lucas hielt dagegen, daß es kein Zuschauer merken würde, wenn die Action nur schnell genug sei.
Doch genau das sollte einer der Hauptkritikpunkte an *Imperium* werden.
Lucas und Kurtz verpflichteten wieder die Originalbesetzung aus *Star Wars*. Wenn einer der Schauspieler ausgestiegen wäre, wäre die Kontinuität der Saga erschüttert worden.
Doch Lucas war bereit, bei größeren Problemen mit einem Darsteller dessen Part aus der Geschichte »zu schreiben«. »Niemand ist unersetzlich«, meinte er. Lucas bot gleich von Beginn an eine höhere Gage und Prozente am Einspielergebnis. Dazu war er nicht verpflichtet, denn Mark Hamill, Carrie Fisher und Harrison Ford hatten alle einen Vertrag für zwei Fortsetzungen unterschrieben. Die Darsteller nahmen das Angebot an.
Die Rolle des Ben Kenobi hatte Alec Guinness mehr Publicity und Geld eingebracht als je zuvor in seiner Karriere. Obwohl sein Charakter in *Star Wars* gestorben war, bestand die Notwendigkeit für seine Rückkehr in *Imperium*. Guinness war auch willig, doch er bekam eine Augeninfektion, die ihn hätte erblinden lassen können. Es war ihm verboten, unter grellen Scheinwerfern zu arbeiten, doch Guinness war entschlossen, einige kurze Szenen vor einer Blue-Screen zu drehen, die man später nach Belieben einpassen konnte.
Kershner verbrachte anfangs die meiste Zeit mit den Illustratoren und Designern von Lucasfilm. Zusammen visualisierten und zeichneten sie den gesamten Film. So bekam Kershner ein Gefühl für die Atmosphäre, den tatsächlichen Ablauf bestimmter Szenen, den Rhythmus und sogar für den Schnitt des Films. Kershner arbeitete über sechs Monate lang mit den Künstlern, bis sie am Ende ein 40 Zentimeter dickes Buch hatten, in dem alle Storyboards und Entwürfe festgehalten waren.
Wegen der komplizierten Spezialeffekte mußte jede Einstellung des Films bis ins Detail ausgearbeitet werden. Kershner

war beunruhigt, daß die Masse der Spezialeffekte und die ganze Ausstattung das Tempo aus *Imperium* nehmen würden, der Film zu »steif« werden würde. Er hatte Angst, während der eigentlichen Dreharbeiten zuwenig Bewegungsfreiheit zu besitzen, etwas zu ändern, wenn es notwendig werden sollte. Und Kershner war als Regisseur erfahren genug, zu wissen, daß sich solche Momente ständig ergaben.

Die Dreharbeiten zu *Das Imperium schlägt zurück* begannen am 5. März 1979, 1240 Meter über dem Meeresspiegel in Finse, Norwegen. Auf dem 60. Breitengrad und über der Baumgrenze gelegen, ist Finse die letzte Eisenbahnstation im Norden Norwegens. Der britische Antarktis-Forscher Scott startete von Finse aus seine letzte Expedition, und während der deutschen Besatzung im Zweiten Weltkrieg war Finse bombardiert worden. Heute trainieren dort britische Soldaten unter Polarbedingungen. Alles in Finse dreht sich um die

Han Solo zielt auf einen imperialen Suchdroiden.

Bahnstation und das einzige Hotel, das vor 100 Jahren erbaut wurde.

Der Wüstenplanet aus *Star Wars* mußte in *Imperium* einer Eiswelt weichen. Dafür den richtigen Drehort zu finden, stellte sich als gar nicht so einfach heraus. Man brauchte eine baumfreie Region mit einem Gletscher. Die Scouts von Lucasfilm suchten in Kanada, Alaska und Skandinavien. Obwohl sie wunderschöne Locations fanden, waren diese alle zu weit von der Zivilisation entfernt, um ernsthaft für eine Filmproduktion in Betracht gezogen zu werden. Ein Angestellter von 20th Century-Fox in Norwegen erfuhr von Lucasfilms Leid und empfahl sein Lieblingsurlaubsziel: Finse.

Für Gary Kurtz hörte sich die Beschreibung interessant genug an für eine Überprüfung.»Mein Koproduzent, mein Art Director und ich sahen uns die Sache in Finse an, und es war perfekt. Es gab dort sogar ein Hotel, und die Bahnverbindung war nur eine halbe Stunde vom Gletscher entfernt. Wir übernahmen das gesamte Hotel und einige Gebäude der Bahn. Es war ein schwieriger logistischer Job, aber immer noch viel besser, als ein neues Camp irgendwo in der Arktis aufbauen zu müssen«, erinnert sich Kurtz.

Doch der Winter 1978/79 war einer der schlimmsten in Nordeuropa seit Jahrzehnten.

Am 7. März erreicht folgendes Telex die Nachrichtenagenturen:»Der amerikanische Schauspieler Harrison Ford hat den verschneiten Paß von Finse in Norwegen erreicht, um mit der Arbeit an *Das Imperium schlägt zurück* zu beginnen. Er kam im Motorgehäuse eines Schneemobils an, dem einzigen Gefährt, das sich entlang der Bahnlinie Oslo–Bergen fortbewegen konnte, da diese durch Lawinen blockiert worden war. Ford flog von London nach Oslo, um dort den Zug zu erwischen, der durch eines der unwirtlichsten Wintergebiete Europas fährt. Bei Geilo, einem großen Skiferienort und 30 Meilen von seinem Ziel entfernt, wurde sein Zug von einem Schneesturm aufgehalten. Die Eisenbahn entschied sich, nach Oslo zurückzukehren. Die Filmemacher benötigten Ford für

Produktionsdesigner: Norman Reynolds.

einige Szenen am folgenden Morgen. So wurde die Eisenbahn verständigt, daß man Ford ausladen sollte. Dieser erreichte nach zwei schwierigen Taxifahrten Ustaoset, nur noch 23 Meilen von Finse entfernt. Dort fand ihn das Schneemobil, das ihn durch zehn Meter hohe Schneewehen gegen Mitternacht nach Finse brachte.«
Der entlegene Ferienort konnte sich über Nacht in eine Todesfalle verwandeln. Ein schrecklicher Schneesturm und einige Lawinen schnitten das gesamte Drehteam für zehn Tage von der Außenwelt ab.
Als gedreht wurde, bestand ständig die Gefahr, daß sich das Wetter plötzlich änderte. Die norwegischen Führer drängten

Der Falke wird von imperialen Zerstörern gejagt.

jeden Tag auf einen frühen Drehschluß, da sie befürchteten, daß man den Weg zurück zum Hotel nicht mehr finden würde. Auf dem Rückweg tauchte oft ein Schneesturm wie aus dem Nichts auf und verwandelte alles in Weiß. Man konnte nicht mehr den Kühler des eigenen Raupenfahrzeugs sehen. Das Team benötigte meistens eineinhalb Stunden für den Heimweg, während ein Führer vor dem Konvoi herging, um die Markierungsstäbe des Pfads zu identifizieren.
Die Temperaturen fielen auf 15 Grad unter Null, und es gab keine Gelegenheit und keinen Platz, um sich aufzuwärmen. Die Kameraausrüstung mußte mit speziellen Ölen winterfest gemacht werden. Das Filmmaterial mußte wie rohe Eier behandelt werden, da es bei diesen Temperaturen leicht brach und so ganze Aufnahmen verlorengehen konnten. Man konnte kaum Einstellungen drehen, die länger als 20 bis 30 Sekunden dauerten, da der Wind die Linsen der Kameras sonst mit Schnee bedeckte.
Auch das Okular der Kamera kondensierte nur allzu schnell. Der Kameramann verfolgte eine Szene, und nach ungefähr einem Drittel des Takes wurde alles weiß. Er konnte nichts mehr sehen, wußte nicht, ob die Einstellung noch scharf war oder überhaupt im Bild. Wenn man die Kamera ohne Handschuhe berührte, klebten die Finger sofort am Metall. Man mußte mit einer Rasierklinge freigeschnitten werden.
Als das Team von *Imperium* Norwegen Richtung London verließ, hatte man nur die Hälfte der Aufnahmen geschafft, die eigentlich geplant waren. Ein zweites Team mußte also wieder zurück und den Rest irgendwie in den Kasten bringen. *Imperium* hatte einen schlechten Start.
Eine Woche nach der Rückkehr aus Norwegen begannen die Studioaufnahmen. Es war ein mörderischer viermonatiger Drehplan für die 250 Szenen, die in 64 Kulissen gedreht werden mußten.
Man hatte sich wieder für die Elstree Studios außerhalb Londons entschieden. Die Geschichte der Elstree Studios reicht bis in die Stummfilmzeit zurück. Alfred Hitchcock hatte dort

Leia und Chewie nehmen's leicht.

seine ersten Filme gedreht. Doch Elstree durchlief, wie die Filmindustrie Englands, einige Traumata.
Als Gary Kurtz 1975 nach England kam, auf der Suche nach

einem geeignetem Studio für *Star Wars,* zeigte man ihm jedes Studiogelände, außer Elstree. Er sah Pinewood, das Studio der Bond-Filme, Shepperton und die Studios von Twickenham und Bray, nur Elstree wurde ihm nicht gezeigt, da es geschlossen war. Das Studio war seit 1974 nicht mehr genutzt worden und stand kurz davor, an einen Immobilienhai verkauft zu werden. Kurtz suchte nach einem Studio, das zumindest neun große Hallen aufweisen konnte. Er hatte zuvor schon alles in Hollywood versucht, doch weder Fox noch Warner Bros., Culver City (die alten Selznick-Studios) oder Sunset Gower hatten genug Platz oder waren wegen Fernsehshows ausgebucht.
Man entschied sich wegen des Sprachvorteils für England. Aber Pinewood und Shepperton hatten zu hohe laufende Kosten für die unabhängige US-Produktion. Da kam das etwas heruntergekommene Elstree gerade recht.
Alles bei *Imperium* war größer und teurer als bei *Star Wars.* Das Budget war von 8,5 Millionen Dollar bei *Star Wars* auf nun 18,5 Millionen gestiegen. Die Inflation in den USA hatte ihren Teil zu dem Anstieg beigetragen, genauso wie eine Verteuerung des Filmmaterials und der Personalkosten. Der Vorteil im Wechselkurs zwischen Dollar und englischem Pfund, der *Star Wars* durch die Verlagerung der Produktion nach England zusätzliche 500.000 Dollar eingebracht hatte, existierte nicht mehr. Inzwischen gab es ein europäisches Wechselkurssystem, in dem das englische Pfund aufgewertet worden war. Aber vieles bei *Imperium* war einfach größer und besser, und das kostete Geld. George Lucas' Geld.
Nach Kershners Rückkehr aus Norwegen war die Produktion bereits ein Schlamassel. Er hatte keine Ahnung, was von dem in Norwegen gedrehten Material brauchbar war und was man im Studio noch nachdrehen mußte. Auch die Aufnahmen im Studio gingen nicht so flüssig von der Hand, wie sich das Lucas und Kershner vorgestellt hatten. Kershner erlebte nun am eigenen Leibe, was es bedeutete, einen Film zu drehen, der so stark auf Spezialeffekte angewiesen war. In fast jeder Einstel-

lung gab es irgendeine Art Spezialeffekte, wenn keine optischen, die später eingefügt werden mußten, dann mechanische. Die ferngesteuerte Elektronik in dem kleinen Droiden R2-D2 war diesmal zwar komplexer und teurer, aber er funktionierte trotzdem wieder nicht. Auf die Fernsteuerung reagierte er nicht, auf die Walkie-Talkies des Drehteams dafür um so mehr.

Kershners Befürchtungen, nicht genug Bewegungsfreiheit zu haben, schienen sich nun zu bestätigen. Besonders an Szenen und Einstellungen, in denen später optische Effekte von ILM

Luke steigt in seinen X-Flügel-Jäger.

eingefügt wurden, konnte er nichts ändern. In diesen Einstellungen mußten die bulligen Vistavision-Kameras verwendet werden, die fest im Boden verankert waren. Sie mußten in einem ganz bestimmten Winkel in eine ganz bestimmte Richtung zeigen. Dies gefiel Kershner natürlich ganz und gar nicht.

Kershner beschloß, daß er den Film nur retten konnte, indem er seinem Gespür folgte und Dinge änderte, die geändert werden mußten, egal wie komplex die Einstellung auch immer sein mochte. »Was *Imperium* fehlte, war ein Geist in der Maschine«, meinte Kershner. Er fand, es war höchste Zeit, diesen Geist aus der Flasche zu lassen.

Lucas war zu jener Zeit in San Rafael bei San Francisco, dem neuen Hauptquartier von Lucasfilm und ILM. Der Umzug von ILM aus Los Angeles in den Norden Kaliforniens war ziemlich chaotisch verlaufen. Als die ersten Effekte nach London geliefert werden sollten, war ILM immer noch dabei, sich in den neuen Räumlichkeiten einzurichten.

Lucas wollte ILM dieses Mal nicht unbeaufsichtigt lassen. Während Kershner mit den Schauspielern in London drehte, würde er bei den Effekten Regie führen. Lucas gab seine Ideen in Form von Storyboards weiter, die der Art Director von ILM, Joe Johnston, für ihn zeichnete.

ILM mußte für *Imperium* 605 Einstellungen mit Effekten herstellen, fast doppelt so viele wie bei *Star Wars*.

Nach fünf Monaten Arbeit, mit zwei Schichten pro Tag, war das ILM Team ausgelaugt. Lucas verbrachte fast den ganzen Tag bei ILM und kam nie vor neun Uhr abends nach Hause. Was er bei seinen täglichen Telefonkonferenzen mit London erfuhr, alarmierte ihn zusätzlich. Kershner hatte begonnen, die sorgfältig vorbereiteten und gezeichneten Szenen zu ändern. Wenn Kershner im letzten Moment eine bessere Idee hatte, stellte er die Szene völlig um. Er benötigte dafür natürlich viel Zeit, da mit den Schauspielern neu geprobt und alles neu eingeleuchtet werden mußte.

Lucas war absichtlich den Dreharbeiten in London fernge-

Imperiale Sturmtruppen gehen mit einem schweren Blaster in Stellung.

blieben, um Kershner nicht den Eindruck zu geben, er würde überwacht werden. Lucas hatte gehofft, daß sein Verhältnis mit Kershner ein harmonisches sein würde, wie in den alten Studientagen. Doch nun war Kershner Lucas' Regisseur und er dessen Produzent und Arbeitgeber. Konflikte waren unvermeidbar.

Lucas sträubte sich insbesondere dagegen, daß Kershner oft den Dialog des Drehbuchs veränderte und die Schauspieler auch noch improvisieren ließ. Als Lucas und Kasdan die Dreharbeiten im März 1979 in London besuchten, waren sie perplex. Beide standen im Hintergrund, und Kasdan konnte nicht glauben, was er hörte. Lucas wollte aber nicht eingreifen und damit die Aufnahmen stören.«So sagte ich nichts, und auch George sagte nichts. Die Szenen, die mich am meisten störten, wie sie verändert wurden ... ich stand da und mußte zusehen, wie sie gedreht wurden«, sagte Kasdan.

Lucas beschäftigte vielmehr die Tatsache, daß *Imperium* das Budget zu überschreiten drohte und hinter den Zeitplan zurückfiel. Was er im Schneideraum zu sehen bekam, trug nicht viel dazu bei, ihn aufzuheitern. Er erkannte wohl, was Kershner zu erreichen versuchte, aber es kostete Zeit und sein Geld.

Die Szenen mit der mechanischen Puppe, die den Jedi-Meister Yoda darstellte, bereitete Kershner einiges an Kopfzerbrechen. Es wurden zwar nur zehn Tage mit Yoda gedreht, aber es sollten lange Tage werden. Yoda war damals die komplizierteste Puppe, die je gebaut worden war, und sehr schwierig zu bedienen. Es dauerte im Durchschnitt drei bis vier Stunden, um nur zwei Dialogzeilen zu drehen. Allein die Proben fraßen eine Menge Zeit auf, da Yoda von vier Leuten über Monitore manipuliert werden mußte. Frank Oz, der Erfinder von Miss Piggy aus der *Muppets Show,* lieh auch Yoda seine Stimme und koordinierte die Puppenspieler. Oz und Kershner verständigten sich über Kopfhörer und Mikrophone. Die Kulisse des Sumpfplaneten Dagobah, Yodas Heimatwelt, war eineinhalb Meter über dem Boden gebaut worden, um darunter die Mechanik der Puppe verbergen zu können.

Man benötigte unendlich viele Proben für die Puppe. Die Sache gestaltete sich am Ende schwieriger als bei jeder lebendigen Diva. Wenn die Puppenspieler ein Auge bewegen wollten, fiel dafür ein Ohr herunter, und Kershner schrie: »Hoch mit dem linken Ohr ... und jetzt bewegt das Auge ... nein, das Auge, bewegt es mehr nach rechts ... genauso, ein bißchen mehr noch!«

Frank Oz und Kershner beobachteten alles über die Monitore, und Oz sprach Yodas Dialog in ein Mikrophon, während Kershner neben ihm stehend Anweisungen durch die Halle brüllte. Am Ende war es auf dem Set so laut, daß Mark Hamill Yoda in seinen Szenen gar nicht mehr verstehen konnte. Darauf mußte man Hamill ein klitzekleines Hörgerät an einem unsichtbaren Draht ins Ohr stecken, so daß er Yoda wenigstens verstehen konnte.

Kershner teilte Lucas' Begeisterung für die kleine grüne Kreatur nicht. »Alles an ihr war Schwindel. Jede Einstellung, jede Bewegung – wir machten alles mit Videokameras und Monitoren, Mikrophonen, vier Puppenspielern – es war ein Schlamassel.«

Darth Vader in seiner Meditationskammer.

Inzwischen war für Lucas der Punkt gekommen, an dem er eingreifen mußte. Für ihn leistete man sich in Elstree einen Luxus, den er nicht finanzieren wollte und konnte. Er regte sich darüber auf, daß Gary Kurtz Kershner nicht enger an die Leine nahm. »Ein Regisseur muß tun, was er tun muß«, reagierte Kurtz.

Lucas brauchte jetzt Kershners Einsicht und Hilfe, um den Film fertigstellen zu können. Lucas erschien jetzt öfter in London am Set, um im richtigen Moment den richtigen Druck auszuüben.

Ein weiterer Schlag kam mit dem plötzlichen Tod von John Barry. Barry war der Art Director bei *Star Wars* gewesen und übernahm bei *Imperium* die Regie des zweiten Kamerateams. Es war ein tragischer Verlust für die Produktion. Barrys Fähigkeiten wurden verzweifelt gebraucht.

Inzwischen hatte sich Cutter Paul Hirsch durch über 60 Stunden an Film gekämpft und einen Rohschnitt des verfügbaren Materials zusammengestellt. Als Lucas es sah, überkamen ihn dieselben Ängste wie bei *Star Wars*. Der Film funktionierte einfach nicht. Lucas explodierte. Er war über dem Budget, er hatte fast kein Geld mehr und einen Film in den Händen, der in seinen Augen nichts taugte.

Lucas, schon immer stolz auf seine Fähigkeiten als Cutter, übernahm nun selbst die Kontrolle und schnitt über die Hälfte des Films heraus. Es mußte doch mit dem Teufel zugehen, wenn er dieses Ding nicht retten konnte. Kershner wollte zwar einen guten Film machen, nur viel besser, als Lucas ihn wollte, und Lucas mußte dafür zahlen.

Der neue Schnitt von Lucas fand nicht viel Anklang, im Gegenteil, er machte alles nur noch schlimmer. Kershner deutete an, daß alles viel zu schnell geschnitten worden sei, worauf Lucas einen Wutanfall bekam. Paul Hirsch versuchte Lucas zu beruhigen, vergebens. »Es ist mein Geld, mein Film, und ich werd's so machen, wie ich will«, schrie Lucas.

Der finanzielle Druck, der auf Lucas lastete, war sicherlich der Grund für seinen Ausbruch.

Yoda

Imperium kostete Lucas 100.000 Dollar am Tag. Der Kredit der Bank of America in Hollywood war für ein Budget von ungefähr 15 Millionen, aber das stieg noch vor Drehbeginn bereits auf 18,5 Millionen. Ein paar Wochen später, nach der Rückkehr aus Norwegen, stieg es erneut, diesmal auf 22 Mil-

lionen. Lucas wollte von der Bank of America weitere 6 Millionen. Ihm wurde mitgeteilt, daß er keinen Pfennig mehr bekäme. Als Lucas protestierte, daß der Film erst zur Hälfte abgedreht sei, sagte die Bank: »Tut uns leid.«
Da war aber natürlich noch jemand in Hollywood, der Lucas sehr gern Geld geliehen oder eine Bürgschaft gegeben hätte: die 20th Century-Fox. Doch Lucas wollte lieber untergehen, als die Erniedrigung auf sich zu nehmen und zu Fox kriechen zu müssen. Fox wollte als Gegenleistung natürlich eine neue Vereinbarung mit Lucas. Lucas lehnte dies kategorisch ab. Doch als die Banken erfuhren, daß Fox für weitere Kredite nicht bürgen würde, wollten sie mit Lucas keine Geschäfte mehr tätigen. Er würde nur Geld bekommen, wenn Fox hinter ihm stünde.
Lucas blieb nun keine Wahl mehr, er mußte Fox um die Bürgschaft bitten. Seine Position war miserabel. Die Verhandlungen dauerten so lange, daß die Bank auch ohne Bürgschaft das Geld vergab, doch Fox hatte am Ende einen bei weitem besseren Vertrag für *Imperium* und den dritten Teil der Saga. Zu der Zeit gab Lucas natürlich Kershner die Hauptlast an der Schuld für das finanzielle Dilemma.
Andere hatten nur Gutes über den Regisseur zu sagen, wie etwa die Schauspieler von *Imperium*. Harrison Ford war ganz besonders von Kershners Arbeitsweise angetan. Kershner war ein Regisseur, der stets auf die Bedürfnisse seiner Darsteller einging und sie ermunterte, eigene Ideen einzubringen. Dies führte so weit, daß die Darsteller, wie schon erwähnt, ihre Dialoge änderten. Harrison Ford glaubte zum Beispiel, daß Han Solo in seiner letzten Szene im Film, bevor er eingefroren wurde, eine starke Dialogzeile haben sollte, die den Zuschauern in Erinnerung bliebe. Er hatte die Idee, auf Prinzessin Leias »Ich liebe dich« mit »Ich weiß« zu antworten. Kershner fand die Idee sehr gut. Als George Lucas die Szene am Schneidetisch sah, war er weniger begeistert. »Es ist ein Lacher. Ich glaube, das gehört nicht hierher. Dies ist eine ernste, dramatische Szene«, meinte Lucas.

Doch Ford und Kershner rückten nicht von ihrer Meinung ab, und Lucas gab murrend nach: »Okay, laßt es so.«

Als *Imperium* beendet wurde, hatte der Film 33 Millionen Dollar gekostet. Es war die größte Produktion eines unab-

C-3PO an Bord des Falken.

Leia am Steuer des Falken.

hängigen Filmemachers in der Geschichte Hollywoods. Lucas hatte daher Alpträume, daß *Imperium* an der Kinokasse durchfallen könne und er ein Leben lang für Zinszahlungen aufkommen müßte.

Fox war von dem fertigen Film nicht begeistert. Die Executives des Studios hatten immer noch das Gefühl, aufs Kreuz gelegt worden zu sein. Lucas würde alles Geld der Welt machen und das Studio in den Augen Hollywoods dumm dastehen. Davon ließ sich Lucas nicht beirren. Er hielt alle Fäden in der Hand. Er würde bestimmen, wie die Werbekampagne für *Imperium* aussehen würde, und nicht Fox. Diesmal sollte die Werbung die romantischen Aspekte des Films hervorheben. Statistiken hatten bewiesen, daß es schwer war, junge Mädchen zu bewegen, *Star Wars* zu sehen.

Durch den Erfolg von *Star Wars* war Fox in der Lage, aus den Kinobesitzern schon Geld zu pressen, bevor der Film überhaupt angelaufen war. Kinobesitzer mußten vorab bezahlen, um sich eine Kopie zu sichern. Das brachte Fox schon vor dem offiziellen Start eine Einnahme von 26 Millionen Dollar. Drei Tage vor dem Start fingen *Star Wars*-Fans an, Zelte vor dem Egyptian Theater in Hollywood aufzuschlagen. Als der Zeitpunkt der ersten Vorstellung näher rückte, schrien sie den Countdown bis zum Start in die verdutzte Menge von Touristen. Als schließlich das Fox-Logo auf der Leinwand erschien, bebte das Kino wie bei einem Erdbeben.

Nach drei Monaten Kinoeinsatz hatte Lucas seine Investition von 33 Millionen Dollar wieder zurück. *Imperium* verkaufte bei seinem ersten Einsatz weltweit für über 300 Millionen Dollar Kinokarten. Es wurde nach *Star Wars* der erfolgreichste Film aller Zeiten und brachte Lucasfilm einen Gewinn von 51 Millionen. Fox verdiente am Ende 40 Millionen Dollar Verleihgebühr, was nicht schlecht war für einen Film, bei dem man aufs Kreuz gelegt worden war.

Die Rückkehr der Jedi-Ritter

(Return of the Jedi) Episode VI

»Vor langer Zeit, in einer Galaxis weit, weit entfernt ...
Luke Skywalker ist auf seinen Heimatplaneten Tatooine zurückgekehrt, um seinen Freund Han Solo aus den Händen des Gangsters Jabba the Hutt zu befreien. Luke weiß nicht, daß das galaktische Imperium im geheimen damit begonnen hat, eine neue bewaffnete Raumstation zu bauen, die noch mächtiger ist als der erste gefürchtete Todesstern.
Wenn diese ultimative Waffe fertiggestellt wird, bedeutet sie für die kleine Gruppe von Rebellen, die der Galaxis die Freiheit wiedergeben wollen, den sicheren Untergang ...«

Die Geschichte beginnt, wie der Anfang von *Star Wars,* auf dem Wüstenplaneten Tatooine. Über die karge Landschaft wandern die beiden Droiden R2-D2 und C-3PO zu dem Palast von Jabba the Hutt mit einer Nachricht von Luke Skywalker. Die beiden werden von Jabbas Gehilfen Bib Fortuna in den Palast eingelassen und vor den wie eine gigantische Schnecke aussehenden Jabba gebracht. R2-D2 projiziert eine holographische Nachricht von Luke, in der er Jabba auffordert, den eingefrorenen Körper von Han Solo den Droiden zu übergeben. Luke bietet als ein Zeichen seines guten Willens die beiden Droiden Jabba als Geschenk an.
Der Unterweltchef kann darüber nur lachen. Es wird kein Geschäft geben. Die beiden Droiden behält er trotzdem. R2-D2 soll auf Jabbas Segelgleiter arbeiten, während C-3PO Jabbas Übersetzer wird.
Später wird eine Party im Thronsaal des Palastes unterbrochen, als ein gefesselter Chewbacca von einem maskierten Kopfgeldjäger vorgeführt wird. Der Kopfgeldjäger fordert eine Belohnung für die Ergreifung von Solos Kopiloten und unterstützt seine Argumentation mit der Drohung, einen

Sprengsatz zu zünden, falls seine Forderungen nicht erfüllt werden. Jabba ist erfreut von dieser Dreistigkeit und geht auf den Handel ein. Chewbacca wird in das Verlies des Palastes gebracht.

Als die Party sich auflöst, schleicht sich der maskierte Kopfgeldjäger durch die ausgestorben scheinenden und dunklen Gänge des Palastes. Er findet den eingefrorenen Han Solo und befreit ihn; dabei enthüllt der Kopfgeldjäger seine wahre Identität ... Prinzessin Leia Organa. Aber Jabba hat einen solchen Trick vorausgesehen und überrascht Han und Leia. Er läßt Han zu Chewbacca abführen und macht Leia zu seiner Lieblingssklavin.

Kurz darauf erscheint Luke Skywalker im Palast und bahnt sich seinen Weg zu Jabba. Er fordert die Freilassung seiner Freunde – oder Jabba muß die Konsequenzen tragen. Jabba zwingt Luke zu einem Kampf auf Leben und Tod mit dem Monster Rancor, das Luke aber überlisten kann und tötet. Der aufgebrachte Jabba beschließt, Luke, Han und Chewbacca hinzurichten. Sie sollen in die Grube des Sarlacc geworfen werden, den Schlund eines gigantischen Sandwurms, der seine Opfer lebendig über einen Zeitraum von 500 Jahren verdaut. Als Jabbas Segelgleiter an der Grube ankommt, gibt Luke dem Gangster noch eine letzte Chance, einen Handel zu machen. Jabba befindet sich aber nicht in der Stimmung und gibt den Befehl, Luke in die Grube des Sarlacc zu werfen. Da bricht plötzlich die Hölle los.

R2-D2 katapultiert Lukes Lichtschwert hoch in die Luft, so daß der junge Jedi es fangen kann. Ein aufregender Kampf beginnt, in dem es Luke und seinen Leuten gelingt, Jabba und sein Gefolge zu besiegen. Darauf verlassen sie den Wüstenplaneten.

Han und Leia fliegen im Millennium-Falken zu einem Treffen der Rebellenflotte, während Luke mit R2-D2 nach Dagobah aufbricht, um dort sein Training als Jedi zu beenden.

Inzwischen arbeitet das Imperium fieberhaft an der Fertigstellung des neuen Todessterns. Doch als die imperialen Inge-

Der neue Todesstern schwebt über dem Waldmond Endor.

nieure hinter den Zeitplan fallen, begeben sich Darth Vader und der Imperator höchstpersönlich auf die »Baustelle«, um ihren Arbeitern ein wenig Ansporn zu verleihen. Der Imperator läßt sich von Berichten, daß die Rebellenflotte sich sammelt, nicht beunruhigen. Er meint, er hätte einen narrensicheren Plan, um die Rebellen für immer zu vernichten. Währenddessen wird Luke auf Dagobah von Yoda und der Hülle Obi-Wan Kenobis die Tatsache bestätigt, daß Darth Vader sein Vater sei. Nur indem er sich seinem Vater stellt, kann die Macht des Imperators gebrochen werden. Luke ist aber nicht sicher, ob er sich dazu bringen kann, seinen Vater zu töten. Obi-Wan hat noch eine weitere Überraschung: Leia ist Lukes Schwester.

Die Allianz der Rebellen hat inzwischen vom Bau des neuen Todessterns erfahren. Ihre Führer wissen, daß seine Fertigstellung den sicheren Untergang der Bewegung bedeutet. Um dies zu verhindern, ziehen sie alle verfügbaren Schiffe für einen letzten Verzweiflungsangriff zusammen. Lando Calrissian wird dazu ausgewählt, die Jagdmaschinen im Angriff gegen den neuen Todesstern zu führen, der sich im Orbit um den grünen Mond Endor befindet. Han, Luke und Leia sollen auf dem Mond die Energieversorgung des Deflektorschildes sabotieren, das den Todesstern beschützt.

Han und seiner Gruppe gelingt es, sich durch die imperiale Verteidigung zu stehlen und auf Endor zu landen. Dort treffen sie auf eine imperiale Patrouille und werden in der Auseinandersetzung voneinander getrennt und von einer wilden Rasse pelziger Krieger, genannt Ewoks, gefangengenommen. Wieder vereint in der Baumstätte der Ewoks, können Han, Luke und Leia die kleinen Krieger dazu überreden, sie im Kampf gegen das Imperium zu unterstützen. In einem ruhigeren Moment enthüllt Luke Leia sein Wissen, daß sie Bruder und Schwester sind. Er verläßt die Freunde, da Vader seine Anwesenheit spüren kann und er die Aktion der Freunde nicht gefährden will. Auf einer imperialen Basis auf Endor ergibt er sich Vader.

Han Solo kehrte zurück.

Luke hegt die Hoffnung, seinen Vater bewegen zu können, der dunklen Seite der Macht abzuschwören. Doch Vader ist schon zu weit gegangen. Die dunkle Seite ist zu übermächtig. Vader beschlagnahmt Lukes Lichtschwert und bringt ihn in den Thronsaal des Imperators auf dem Todesstern.
Hans und Leias Truppe beginnt ihren Angriff auf das Kraft-

werk des Schutzschildes, und mit der Hilfe der Ewoks ist der Schild bald unbrauchbar. Die Rebellenflotte kann mit ihrem Angriff auf den Todesstern beginnen.

Im Thronsaal des Imperators kämpft Luke mit sich selbst, um den hypnotischen Kräften des Imperators zu widerstehen. Er bringt sein Lichtschwert wieder in seine Gewalt und verwickelt Vader in ein Duell. Der Imperator schaut amüsiert zu. Luke ist in der Zwischenzeit zu einem Jedi geworden, und es gelingt ihm, Vader niederzustrecken. Die Aufforderung des Imperators, Vader zu töten und dessen Platz einzunehmen, ignoriert Luke. Daraufhin greift der Imperator mit Energieblitzen an, die aus seinen Fingern strömen. Luke ist hilflos und schaut dem Tod bereits ins Auge. Alles scheint verloren, als sich plötzlich Vader noch einmal aufrafft und seinen früheren Meister angreift. Er hebt den Imperator in die Höhe und wirft ihn in einen tiefen Reaktorschacht, der bis zum nuklearen Zentrum des Todessterns führt.

Durch diese Tat rehabilitiert sich Vader in den Augen von Luke und stirbt in dessen Armen.

Luke kann gerade noch rechtzeitig die Kampfstation verlassen, bevor Lando Calrissian sie mit seiner Gruppe Jagdmaschinen zerstört.

In dieser Nacht feiern die Rebellen mit den Ewoks auf Endor den Sieg der Freiheit. Han und Leia können sich in die Arme nehmen, und Luke hat seinen Frieden gefunden. Er weiß, daß sein Vater noch rechtzeitig dem Bösen abgeschworen hat und jetzt mit Yoda und Obi-Wan eine Existenz auf einer höheren Ebene führt.

Credits

Eine Lucasfilm-*Produktion*. Im *Verleih* der Twentieth Century-Fox Film Corporation. *Regie* Richard Marquand. *Produzent* Howard Kazanjian. *Drehbuch* Lawrence Kasdan, George Lucas. *Produktionsdesigner* Norman Reynolds. *Kamera* Alan Hume B.S.C. *Musik* John Williams. *Gespielt* vom London Symphony Orchestra. *Spezialeffekte-Photographie* Richard Edlund, Dennis Murren, Ken Ralston. *Spezialeffekte-Mechanik* Kit West. *Schnitt* Sean Barton, Marcia Lucas, Duwayne Dunham. *Koproduzenten* Robert Watts, Jim Bloom. *Produktionsillustration* Ralph McQuarrie. *Kostümdesigner* Aggie Guerard Rodgers, Nilo Rodis-Jamero. *Make-up-Designer* Stuart Freeborn, Phil Tippet. *Toneffekte* Ben Burtt. *Matte Artist* Michael Pangrazio.

Darsteller: Mark Hamill (Luke Skywalker), Carrie Fisher (Prinzessin Leia Organa), Harrison Ford (Han Solo), Billy Dee Williams (Lando Calrissian), Alec Guinness (Ben Kenobi), Anthony Daniels (C-3PO), Kenny Baker (R2-D2), Peter Mayhew (Chewbacca), David Prowse (Lord Darth Vader), Ian McDiarmid (Imperator), James Earl Jones (Stimme Darth Vaders), Sebastian Shaw (Anakin Skywalker), Michael Pennington (Moff Jerjerrod), Kenneth Colley (Admiral Piett), Michael Carter (Bib Fortuna), Dennis Lawson (Wedge), Tim Rose (Admiral Ackbar), Dermot Crowley (Mon Mothma), Warwick Davis (Wicket), Kenny Baker (Paploo), Jeremy Bulloch (Boba Fett), Femi Taylor (Oola), Annie Arbogast (Sy Snootles), Claire Davenport (Fette Tänzerin), Jack Purvis (Teebo), Mike Edmonds (Logray).

Aufgenommen in Buttercup Valley, Death Valley und Smith River, Kalifornien, und in den EMI Elstree Studios, Borehamwood, England.

The Making of
Die Rückkehr der Jedi-Ritter

»*Sie haben es geschafft!*«

C-3PO

Filmfans in der ganzen Welt waren sicherlich enttäuscht, als sie *Das Imperium schlägt zurück* sahen, weil sie weitere drei Jahre warten mußten, bis im letzten Teil der *Star Wars*-Trilogie die Geschichte um Luke Skywalker aufgelöst werden würde.

Das Drehbuch, normalerweise das größte Hindernis für George Lucas, kam diesmal fast wie von selbst. Er benötigte für die erste Fassung gerade einen Monat. Er hatte den Abschluß der Saga wohl schon länger im Kopf und konnte zu einem seiner Lieblingsthemen zurückkehren: In *Die Rückkehr der Jedi-Ritter/Return of the Jedi* bekämpfen die kleinen pelzigen Ewoks das technologisch weit überlegene Imperium mit Pfeilen und Fallen. Der Kampf zwischen Gut und Böse; die Fähigkeit einer freigeistigen, primitiven Gesellschaft, sich gegen eine High-Tech-Diktatur durchzusetzen; die Stärke des Individuums, sich gegen alle Widerstände zu behaupten, wenn man nur an sich selbst glaubt – das sind die Themen des dritten Teils. Stimmen der sechziger Jahre drangen hier wieder an die Oberfläche; der Waldmond Endor fungierte als eine, wohlgemerkt sehr schwache, Metapher für den Dschungel des Kriegs in Vietnam, und der Generationenkonflikt, symbolisiert durch Luke und seinen Vater, Darth Vader, wurde auch behandelt.

Eines war für Lucas von Anfang an klar: Gary Kurtz würde bei *Jedi* nicht wieder als Produzent fungieren. Ihr persönliches Verhältnis war nach *Imperium* irreparabel geschädigt. Lucas gab Kurtz die Schuld für viele der Dinge, die bei *Star Wars* und *Imperium* schiefgelaufen waren. Dieser letzte Teil

der Trilogie sollte unter anderen, angenehmeren Bedingungen gedreht werden. Mögliche Schwachstellen in der Produktionskette wollte Lucas dieses Mal sofort auswechseln, bevor man in Produktion ging, bevor es wieder zu spät war.
Die ersten beiden Teile der Saga hatten viel angedeutet und versprochen, das Lucas nun in *Jedi* einlösen mußte. Das Drehbuch mußte unzählige Geschichten und Subplots lösen, von der Befreiung Han Solos bis zur Vernichtung des galaktischen Imperiums, von den Beziehungen der Charaktere untereinander gar nicht zu sprechen.
Es passierte so viel in *Jedi,* daß das Tempo mehr *Raiders of the Lost Ark* glich als einem der beiden ersten Filme. Es gab Elemente aus Piratenfilmen, Motorradfilmen und Kriegsfilmen. Lucas mochte das Drehbuch so gern, daß er sogar mit der

George Lucas

Idee spielte, selbst wieder Regie zu führen. Doch sein Verstand kehrte schnell zurück, als er die Menge an Arbeit sah, die mit dem Regiejob verbunden war.
Die Zusammenarbeit mit Irvin Kershner bei *Imperium* hatte nicht die Ergebnisse erbracht, die sich Lucas erhofft hatte. Kershner war zu eigensinnig gewesen und zu langsam.
Wieder begann Lucas eine Liste mit Hunderten amerikanischer und britischer Regisseure zu durchforsten. Als all die gestrichen worden waren, die wegen Zeitmangels, anderer vertraglicher Verpflichtungen oder einem Mangel an Interesse nicht in Frage kamen, blieben nur zwei Namen übrig: einer war Richard Marquand, der zuvor den Horrorfilm *Legacy/Legacy – Das Vermächtnis* (1978) und den Spionage-Thriller *Eye of the Needle/Die Nadel* (1981) mit Donald Sutherland gedreht hatte. Lucas hatte aus den Erfahrungen mit Kershner seine Schlüsse gezogen. Er wollte dieses Mal einen Regisseur, der vor allem schnell arbeitete. Vielleicht jemanden mit Fernseherfahrung, der improvisieren konnte und trotzdem gut mit Schauspielern war. Doch vor allem jemanden, der unter ihm, Lucas, arbeiten wollte. Im April 1981 blieb Lucas nichts anderes übrig, als sich für Marquand zu entscheiden, denn der zweite Kandidat, der junge David Lynch, der Regisseur von *The Elephant Man,* hatte sich dagegen entschieden. Lynch wollte nicht ständig einem Produzenten verantwortlich sein. Und Lucas wollte jemanden wie Lynch nicht ständig reglementieren müssen; so einigten sie sich darauf, verschiedene Wege zu gehen. Ironischerweise drehte Lynch darauf *Dune* für Dino De Laurentiis. Marquand, ein Waliser, hatte bei Beginn seiner Karriere hauptsächlich fürs Fernsehen gearbeitet. In ihm hatte Lucas genau das gefunden, wonach er immer gesucht hatte: den perfekten Handlanger. Marquand versicherte Lucas, er würde dessen Kreation eifersüchtig schützen. Für ihn war Lucas der geniale Komponist und er selbst nur ein Dirigent, der von Lucas die Erlaubnis erhielt, einmal mit einem 120-Mann-Orchester spielen zu dürfen.
Für Marquand hatte Kershner zu leichtfertig mit dem wahren

Die Helden kämpfen sich durch einen Sandsturm. Eine Szene, die dem Schneidetisch zum Opfer fiel.

Glauben gespielt. Marquand war darüber verstört, zu entdecken, daß der Droide R2-D2 in *Imperium* manchmal mit schwarzen Streifen versehen worden war statt mit blauen und daß Darth Vader seinen Lichtsäbel mit nur einer Hand führte. »Wo doch jedes Kind weiß, daß ein Lichtsäbel zu schwer ist für nur eine Hand«, sagte Marquand eifrig. Lucas mußte lächeln. Dieser Mann würde ihm keine Schwierigkeiten bereiten.

Lucas war besonders befriedigt darüber, daß es soweit gekommen war, sein »kleines« Märchen abzuschließen. Er war zwar ein wenig beunruhigt, daß die Zuschauer sich zuviel von

Jedi versprechen könnten, mehr erwarten würden, als die doch so offensichtliche Lösung bot. Doch er glaubte fest daran, seiner ursprünglichen Geschichte treu bleiben zu müssen. Und diese sprudelte nun geradezu aus ihm heraus. In nur vier Wochen schrieb er die erste Fassung des Drehbuchs. Was für ein Unterschied zu den qualvollen zwei Jahren bei *Star Wars*. Nun brauchte Lucas nur noch einen geeigneten Drehbuchautor für den Feinschliff und die Dialoge. Doch woher nehmen, wenn nicht stehlen? Es kreuzte niemand Geeigneter Lucas' Weg. Die Zeit wurde schon wieder knapp. Da war noch Lawrence Kasdan, der Leigh Bracketts Skript für *Imperium* umgeschrieben hatte. Doch Kasdan war spätestens seit *Raiders* ein Star unter den Autoren und hatte gerade seinen ersten Film gedreht, *Body Heat*. Er wollte weg vom reinen Auftragsschreiben und seine eigenen Filme machen. Außerdem war die Erfahrung, *Imperium* zu schreiben, nicht Kasdans glücklichste gewesen. Lucas versuchte es trotzdem. Er rief Kasdan an und trug ihm sein Anliegen vor. Kasdan sträubte sich mit Händen und Füßen. Lucas meinte, daß Kasdan ihm einen Gefallen schuldig sei. Kasdan erwiderte, daß er nicht mehr nur für Filme schreiben wolle. »Ach, komm schon. Ich hab's getan. Paul Schrader hat's für Martin Scorsese getan. Was macht das schon«, forderte Lucas.

Kasdan willigte schließlich ein. Er sah eine gewisse Befriedigung darin, das zu einem Ende zu bringen, was er in *Imperium* begonnen hatte. Außerdem war die Summe, die Lucas ihm anbot, nicht von schlechten Eltern.

Das erste, was der neue Produzent Howard Kazanjian tat, bestand darin, einen Starttermin für *Jedi* festzulegen: den 27. Mai 1983 (das Datum wurde später auf den 25. Mai verlegt, um mit dem ursprünglichen Starttermin von *Star Wars* übereinzustimmen). Davon ausgehend entwickelte er rückwärts einen Produktionskalender für *Jedi*. Der Kalender beinhaltete alle wichtigen Stationen bei der Herstellung des Films: Start für das Design der Aliens, die Wahl eines Regisseurs, Fertigstellung des Drehbuchs, bis hin zur Aufnahme der Musik und dem Ziehen der Filmkopien. Manche Leute hielten Kazanjian für verrückt, einen solch genauen Zeitplan aufzustellen, noch bevor er ein Drehbuch hatte. Doch Kazanjian hielt daran fest. Für ihn war dies der einzig mögliche Weg, eine Produktion solcher Größenordnung unter Kontrolle zu halten. Als der Film fortschritt, kamen immer mehr Daten hinzu, aber die ursprünglichen Termine blieben bis zum Ende des Films unverändert. Dies garantierte, daß der Drehplan eingehalten und das Budget nicht überschritten wurde. Kazanjian pflegte zu sagen: »Wer nicht dem Kalender folgt, folgt nicht dem Budget. Wenn ich eine Woche später mit dem Soundmix beginne, bedeutet das, ich brauche eine Woche länger die Büros und die Ausstattung. Folgt dem Kalender, und ihr bleibt im Budget.«

Leia und Han.

Kazanjians Ausbildung als Regieassistent wird in diesem Verfahren deutlich. Nach seinem Abschluß an der USC, wo er George Lucas kennengelernt hatte, durchlief Kazanjian das Trainingsprogramm für Regieassistenten der Gewerkschaft der Regisseure. Lucas wollte ihn schon als Regieassistent bei *THX 1138* haben. Da dies aber ein Film war, der nicht im Rahmen des Tarifvertrags der Gewerkschaften gedreht wurde, mußte er ablehnen. Lucas engagierte ihn später als Produzent von *More American Graffiti* und als Executive Producer von *Raiders of the Lost Ark*.

Nach der Zusage von Kasdan, das Drehbuch von *Jedi* zu übernehmen, begannen für alle beteiligten Hauptakteure die gefürchteten Storykonferenzen. Lucas, Kasdan, Marquand und Kazanjian schlossen sich für über zwei Wochen in einem Zimmer ein und gingen den Film Szene für Szene durch. Der gesamte Prozeß wurde auf Tonband aufgenommen, sogar die hitzigen Streitereien. Danach nahm Kasdan alle Bänder und Notizen wieder mit sich und begann mit dem Schreiben. Es ist schwer, bei einem solchen Ablauf zu bestimmen, wer welche Idee gehabt hat. Doch das ist es, was Lucas wollte: totales Teamwork, alle Egos zurückstellen. Man beschloß, den Film wieder im Stile der Vorgänger zu beginnen, mit einem imperialen Sternenzerstörer. So hätte der Film wieder einen bedrohlichen Einstieg. In Lucas' erster Fassung tauchte der kleine Gnom Yoda nicht mehr im Film auf. Die Story begann damit, daß Luke sein Training als Jedi bereits beendet hatte. Nun fürchtete man, daß die Zuschauer das übelnehmen würden, nachdem Yoda in *Imperium* so bewußt etabliert worden war. Es wurde daher beschlossen, dessen eingemottete Hütte und den Sumpfplaneten Dagobah wieder auszupacken.

Im August 1981 wurde folgende Verlautbarung an die Presse gegeben: »Die Dreharbeiten zu *Revenge of the Jedi* werden am 13. Januar 1982 in den Elstree Studios bei London beginnen, gefolgt von Dreharbeiten in Deutschland und vielleicht Tunesien.«

Obwohl in dieser ersten Ankündigung der Titel des Films *Re-*

Alle wieder vereint: Han, C-3PO, Leia, Luke, R2-D2 und Chewie.

venge of the Jedi war, hatte Lucas von Anfang an vor, den Film *Return of the Jedi (Die Rückkehr der Jedi-Ritter)* zu nennen. Er wollte nicht durch den Titel einen Teil des Inhalts preisgeben. Der Wechsel kam sechs Monate vor dem Filmstart und kostete Lucas einige tausend Dollar.

Doch mit dieser Presseankündigung hatte sich Lucasfilm ganz schön weit aus dem Fenster gelehnt. Man befand sich im Blindflug, denn man hatte immer noch kein fertiges Drehbuch. Die Koproduzenten Robert Watts, Jim Bloom und Produktionsdesigner Norman Reynolds hatten einige Flugtickets verbraten auf der Suche nach den Drehorten, die sich aus dem Treatment von *Jedi* ergaben. Sie benötigten einen riesigen Urwald mit hohen Bäumen, der für den grünen Waldmond Endor Pate stehen konnte, und die größten Sanddünen der Welt für den Wüstenplaneten Tatooine. Sie wollten unberührten Sand, mit keinen menschlichen Niederlassungen oder Bergen im Hintergrund. Der Schwarzwald in Deutschland und Tozeur in Tunesien wurden näher ins Auge gefaßt, obwohl es eine starke Lobby bei Lucasfilm gab, beide Drehorte in die USA zu verlegen.

Aber ohne ein Drehbuch war es schwierig, sich für einen bestimmten Drehort zu entscheiden. Man konnte nur nach Örtlichkeiten suchen, von denen man annahm, daß sie richtig sein könnten.

Ende August zählte auch Robert Watts die Tage, die ihm noch verbleiben würden, bis zum Drehbeginn im Januar den Platz von neun Studios koordinieren zu müssen. Auch mußte er die Bautrupps und Mitglieder des Drehteams Gewehr bei Fuß halten, um sie nicht im falschen Moment an eine andere große Filmproduktion zu verlieren.

Doch für ihn war das Problem nicht die Verfügbarkeit des Platzes und der Mannschaften, sondern das verspätete Drehbuch.

Ein Drehbuch ist für einen Film das, was ein Bauplan beim Häuserbau ist. Je detaillierter die Angaben, um so weniger Mißverständnisse kann es geben und um so besser wird das Ergebnis. Bei einer so komplexen Produktion wie *Jedi* braucht man ein fertiges Drehbuch so früh wie möglich. Robert Watts mußte entscheiden, welche Kulissen wo, wann und wie in Elstree gebaut werden sollten, und dazu benötigte er genaue Angaben. Aber es sind nicht nur die Kulissen. Kostüme mußten entworfen und gefertigt werden, dasselbe galt für Requisiten und Spezialeffekte.

Im November gab es daher in London ein Meeting zwischen

Produzent Kazanjian und den Koproduzenten – mit viel Kopfschütteln. Das Problem war immer noch das Drehbuch oder, genauer gesagt, dessen Nichtexistenz. Man war weniger als zehn Wochen vom Drehbeginn entfernt, und für einen Film, der so aufwendig werden sollte wie *Star Wars* und *Imperium* zusammen, war das fast schon ein Todesurteil. Es wur-

Luke rettet Leia von Jabbas Segelbarke.

Die Schlacht um Endor steht bevor.

de beschlossen, in zwei Tagen einen Stoßtrupp nach Kalifornien zu schicken, und Kazanjian beendete das Treffen mit dem Versprechen, daß jeder in zehn Tagen eine Kopie des

Drehbuchs in Händen halten würde. »Falls ich nicht mit einem Drehbuch zurückkomme, komme ich nicht zurück«, sagte er, und niemand im Raum wußte so recht, ob das jetzt ein Witz sein sollte.

Tunesien und Deutschland waren als Drehorte inzwischen gestorben. Man konzentrierte sich nun auf die Wüste in Yuma, Arizona, und die Wälder von Crescent City, Kalifornien, aber ein letzter Check war noch vonnöten.

Das Budget für *Jedi* war mit 32,5 Millionen Dollar angesetzt worden. Das klang nach gar nicht soviel, sogar für 1981. Da aber die meisten visuellen Effekte von Lucas' eigenem Studio Industrial Light & Magic hergestellt wurden, konnte das Budget so niedrig gehalten werden. Eine andere Produktion hätte für einen Film wie *Jedi* damals mindestens 50 Millionen auf den Tisch legen müssen. Wenn man betrachtete, daß *Jedi* der Nachfolger von zwei der erfolgreichsten Filme aller Zeiten war und an der Kinokasse mindestens 100 Millionen Dollar garantierte, hätte man glauben können, daß die Sparsamkeit von Lucas und Kazanjian etwas übertrieben war. Doch Kazanjian bestand auf Sparsamkeit. Er war überzeugt, daß es bei einer Produktion wie *Jedi* sehr einfach wäre, die finanzielle Kontrolle zu verlieren. »Ein paar Unachtsamkeiten, und der Damm bricht, und dann kann dir niemand mehr helfen«, meinte er.

Alles war eine Frage des Geldes, da jede Einstellung mit so enormen Kosten verbunden war. Man wußte, daß es ILM 20.000 Dollar kosten würde, einen Blue-Screen-Shot mit einem Matte Painting (einer nachträglich eingemalten Kulisse) zu machen. Da überlegt man sich, ob es wirklich günstiger ist, die Kulisse für 28.000 Dollar aufzubauen, denn man muß sie ja wieder abreißen und sie während der Dreharbeiten mit Komparsen füllen.

Kazanjian erinnerte sich an eine Situation, als der Millennium-Falke aus der Sandsturmkulisse in den Rebellenhangar transportiert werden sollte: »Ich sagte George, daß es uns 40.000 Dollar kosten würde, das Ding zu bewegen, und er sag-

C-3PO und R2-D2 auf dem Weg zu Jabbas Palast.

te, ›Laßt es uns reinmalen. Laßt es ILM reinmalen.‹ So wurde diese Einstellung im Hangar ein Blue-Screen-Shot, und ich glaube nicht, daß jemandem aufgefallen ist, daß es sich dabei um ein Gemälde handelt. Das war ein Weg, wie wir Geld sparten.« Kazanjian gab zu, daß er oft Schwierigkeiten hatte, seinen Hintergrund als Produktionsleiter zu vergessen, der nur darauf achtet, daß ja nicht das Budget überschritten wird, und als Produzent zu denken, der versucht den bestmöglichen Film zu machen. »Man muß wissen: Wenn man das Budget zur Seite legen muß und mehr für eine Kulisse ausgibt oder für einen Schauspieler oder den Drehplan verändert – oder hundert andere Felder, in denen man Geld ausgeben kann – dann muß man sich zurücklehnen und sagen: ›Wo kann ich diese

Extraausgabe wieder einsparen? Wenn ich einem Schauspieler 15.000 Dollar mehr zahle, als im Budget veranschlagt worden ist, kann ich das wieder einsparen, indem ich in einer bestimmten Szene zwölf Komparsen weniger verwende?‹, oder wie auch immer«, erklärte Kazanjian.

Das Budget für *Jedi* wurde von zwei Faktoren bestimmt: dem Standard des Ausstattungsreichtums von *Star Wars* und *Imperium* und der Zeit, die zur Verfügung stand, um den Film abzudrehen. *Star Wars* hätte 1981 wohl um die 22 Millionen gekostet und *Imperium* so an die 25 Millionen. So war der Ausgangspunkt für *Jedi,* ein Drehbuch zu schreiben, dessen Umsetzung nicht mehr als 25 bis 30 Millionen kosten würde.

Wenn im Drehbuch eine Kulisse auftauchte, die zum Beispiel 950.000 Dollar kostete und dann nur eine Minute auf der Leinwand erschien, wurde die Kulisse entweder kleiner gebaut oder mit einer zweiten verbunden oder die Seite im

A-Wings der Rebellen.

Drehbuch umgeschrieben. Tatsache aber war, daß dies sehr selten vorkam. Die Kulissen der Rebellen-Kommandobrücke und des Konferenzraums wurden zusammengelegt und ein paar Kulissen verkleinert, aber zumeist bestand kein Bedarf, hier Kosten einzusparen. Einige der Kulissen in *Jedi* sind elaborater und größer als in jedem anderen Film.

Die Erfahrungen der Teammitglieder bei *Jedi*, die auch an *Star Wars* und *Imperium* mitgearbeitet hatten, und die technologischen Fortschritte, die ILM erzielt hatte, ermöglichten es der Produktion, mehr für ihr Geld zu bekommen. Lucas wußte, daß *Jedi* seine Vorgänger zu übertreffen hatte, wenn die Erwartungen der Zuschauer nicht enttäuscht werden sollten. Das wurde zum Teil durch die Anhebung des Budgets um 30 Prozent erreicht, aber auch zum Teil durch den Einsatz und die Kreativität des Teams.

In vielen Bereichen wurde das Budget durch den Zeitfaktor begrenzt, weil man nur eine bestimmte Zeit zur Verfügung hatte, um eine Einstellung zu beenden, wenn der Drehplan eingehalten werden sollte. Während bei anderen Filmen zumeist die verfügbare Geldsumme den Zeitfaktor bestimmt, war es bei *Jedi* beinahe das Gegenteil. Geld wäre dagewesen, man hatte nur nicht die Zeit, es auszugeben. Dies galt insbesondere für die Spezialeffekte von ILM, wo man an der Verbesserung eines Effekts ewig hätte weiterarbeiten können. Doch wenn das ganze Effektestudio in zwei Zehn-Stunden-Schichten arbeitet und das sechs Tage in der Woche, gibt es nicht mehr viel Spielraum für Verbesserungen. Der Starttermin des Films stand fest, und bis dahin mußten über 800 visuelle Effekte fertiggestellt werden; das bedeutete: Wenn ein Effekt halbwegs gut funktionierte, dann sofort weiter zum nächsten.

Am Freitag, dem 13. November, verbreitete sich die Nachricht wie ein Lauffeuer: Das Drehbuch war da. Der Stoßtrupp war erfolgreich aus San Rafael nach London zurückgekehrt. Aber man wünschte sich, es hätte schon vor drei Monaten geklappt.

Luke mit Lichtschwert.

Ein Zitat von George Lucas aus den alten *Star Wars*-Tagen, in dem er über das Dilemma spricht, einen Film ohne Drehbuch beginnen zu müssen, machte die Runde: »Es ist, wie wenn man einen Güterzug mit 150 Stundenkilometern fährt, und die Jungs versuchen vor dir, die Schienen zu legen, während du unterwegs bist.«

Aus Geheimhaltungsgründen wurden nur drei komplette Kopien des Drehbuchs angefertigt, und jede Seite erhielt einen eigenen Code. Das Drehbuch wurde auf normalem weißem Papier kopiert. Wenn man Änderungen vornahm, erhielten diese Seiten eine andere Farbe. Damit hatte die Produktion einen schnellen und visuellen Überblick über die Änderungen. Die ersten Änderungen bei *Jedi* wurden auf gelbem Papier kopiert. Wenn auf den gelben Seiten weitere Änderungen vorgenommen wurden, druckte man diese auf rosarotes Papier. Erneute Änderungen wurden dann grün. Blaue Seiten waren für ganz spezielle Textpassagen vorbehalten. Es waren die geheimen Seiten. Sie beinhalteten die Szenen, in denen die Hauptkonflikte des Films aufgelöst wurden. Nur die Drehbücher von drei Personen hatten blaue Seiten: Lucas, Kazanjian und Marquand. Nur wenn es absolut notwendig war, wurde Einblick in die blauen Seiten gewährt. Es war aber strengstens verboten, sie zu photokopieren. Nur die Hauptbeteiligten des Projekts bekamen eine komplette Fassung, alle anderen nur die Seiten, die sie wirklich benötigten, um ihren Job zu machen. Selbst den drei Hauptdarstellern wurden nur unvollständige oder bewußt falsche Versionen des Buchs übergeben. Mark Hamill erinnert sich daran, eine Version mit drei verschiedenen Schlüssen bekommen zu haben. Die Geheimhaltung bei *Jedi* sollte aber noch kuriosere Früchte tragen und fast paranoide Züge annehmen. Sicherlich war *Jedi* der erste Film in der Geschichte, bei dem neben jeder Kopiermaschine auch ein Shredder stand.

Nachdem Kasdan seine Fassung des Drehbuchs abgeliefert hatte, gab es kaum noch Änderungen, auch nicht während der Dreharbeiten. Kazanjian schätzte, daß beinahe 97 Prozent des Skripts im Film enthalten sind. Es gab tatsächlich nur wenige strukturelle Änderungen. Eine Sandsturmszene auf Tatooine, in der die Helden an Bord des Millennium-Falken gehen, wurde geschnitten, da Lucas das Gefühl hatte, sie nähme das Tempo aus dem Film. Sie wurde später mit einer kürzeren Szene ersetzt, die aber dieselben Informationen beinhaltete.

Am 17. November erschien Richard Marquand wieder auf der Bildfläche. Er hatte zusätzlich zu den schon existierenden Storyboards sein eigenes für jede Szene des Films gezeichnet. Manche Zeichnungen waren zwar nur Gekritzel in seiner Ko-

Darth Vader

Howard Kazanjian und George Lucas.

pie des Drehbuchs, doch zeigen sie, daß er nichts dem Zufall überlassen wollte. Wie Kazanjian war Marquand ein wahrer Gläubiger, wenn es um das Thema Preproduction ging.
Obwohl Marquand viel Flexibilität zeigte, wenn's zum Drehen kam, glaubte er, daß die Schauspieler durchaus willig waren, sich durch eine vorab völlig ausgearbeitete Szene leiten zu lassen.

Ein Beispiel war eine Einstellung, in welcher der Wookie Chewbacca rechts aus dem Bild tritt, die Kamera aber mit ihm schwenkt, bis sie auf Lando Calrissian stehen bleibt. Calrissian steht gegen eine Mauer gelehnt und wird durch das Licht, das durch einen Riß über ihm einfällt, teilweise beleuchtet. Der Standort der Treppe und die genaue Position des Risses mußten Monate im voraus geplant werden. »Ansonsten hätte ich nicht gewußt, was ich hätte tun sollen. Ich wäre am Drehtag herumgestanden und hätte vor mich hin lamentiert. ›Warum gibt's hier keine Treppe, warum haben wir hier keinen Riß in der Wand, wie zum Teufel sollen wir Calrissian beleuchten?‹ Meiner Meinung nach kann man nur einen guten Film herstellen, wenn man schon weit im voraus weiß, was man tut«, erklärt Marquand.

Die Notwendigkeit für Flexibilität wurde mit dem Näherrücken der Dreharbeiten in London immer offenbarer. Die Kulisse für Darth Vaders Brücke auf seinem Sternenzerstörer zum Beispiel war in der Planung sehr klein und eng. Marquand dachte, er könne in der Szene mit einer sehr, sehr, sehr reduzierten Kulisse auskommen, da er soviel Geld wie nur möglich sparen wollte. Doch als der Tag kam, die Szene zu drehen, stellte er fest, daß die Brücke um einiges vergrößert werden mußte und vielleicht sogar noch ein Blue-Screen-Shot vonnöten war. Hier kam ihm die Erfahrung der *Star Wars*-Veteranen zu Hilfe. Produktionsdesigner Norman Reynolds hatte den Fehler bereits bemerkt: »Ich dachte, als ich seine Entwürfe für die Brücke sah, damit kommt er doch nie durch. Dann teilte Marquand mir mit: ›Schau, ich glaube, wir brauchen hier noch etwas‹, worauf ich ihm sagte, daß ich es schon gebaut hätte. Es würde heute nacht gestrichen, und er könnte morgen früh dort drehen.«

Die Dreharbeiten in Elstree begannen am 11. Januar 1982. Die Hauptdarsteller waren schon vor einer Woche eingetroffen. Harrison Ford mußte wegen seiner starken Rückenschmerzen in einem Rollstuhl fliegen, Carrie Fisher mietete sich das alte Haus von Lee Remick in St. Woods, nur 20 Mi-

nuten vom Studio, und Mark Hamill und seine Familie tauchten ohne viel Aufsehen irgendwo auf dem Land unter.
Gegen Mittag erhielt der Präsident von Lucasfilm folgendes Telegramm:

AN: BOB GREBER
VON: HOWARD KAZANJIAN
WIR WEISEN SIE DARAUF HIN, DASS DIE
DREHARBEITEN ZU ›RETURN OF THE JEDI‹ HEUTE,
AM 11. JANUAR 1982, BEGONNEN HABEN.

Das Fax diente als eine offizielle Unterlage, daß die Produktion begonnen hatte und daß damit Lucasfilms vertragliche Verpflichtungen gegenüber Fox erfüllt worden waren. Die erste Szene, die gedreht wurde, schaffte es leider nicht, in den Film zu kommen. Es war die Sandsturmszene auf Tatooine, von der George Lucas später glaubte, sie verlangsame das Tempo des ersten Akts.
Alle Hauptcharaktere waren in der Szene versammelt: Luke, Leia, Han, Chewbacca, Lando und die beiden Droiden.
Um 10 Uhr 18 rief Richard Marquand »Action«.
Ging alles glatt? Nicht ganz. R2-D2 machte sich selbständig und fuhr gegen einen Felsen. Das erste Kamerateam konnte das »Action« nicht hören, da die Windmaschinen zu laut waren, und wartete immer noch auf ihren ersten Einsatz. Als die Kameras dann doch liefen, bliesen die Windmaschinen so erfolgreich, daß niemand mehr die eigene Hand vor Augen sehen konnte.
Die zweite Aufnahme klappte besser. »Kannst du die Schauspieler sehen?« fragte Marquand seinen Kameramann. »Gerade die richtige Textur«, erwiderte dieser. »Im Kasten«, sagte Marquand. Applaus erschütterte die Halle, und es wurde Orangensaft serviert. *Jedi* kam in die Gänge.
Während der nächsten 78 Tage wurden alle zur Verfügung stehenden Hallen, inklusive der neuen *Star Wars Stage,* benutzt. In Hallen, wo gerade noch gedreht worden war, wurden Kulissen sofort abgerissen und neue aufgebaut. Nieder mit

Lucas und Ford während einer Drehpause.

dem Palast von Jabba the Hutt und hoch mit dem Hangar des Todessterns. Das Tempo war erstaunlich. In einer Halle wurde die gigantische Kulisse für das Baumdorf der kleinen Ewoks in Rekordzeit hochgezogen. Die größte Kulisse des Films, der imperiale Hangar, war im eigentlichen Sinne des Wortes gar keine Kulisse. Sie wurde in der *Star Wars*-Halle aufgebaut, vielleicht der größten Filmhalle der Welt. Ein imperiales Shuttle wurde in Originalgröße in der Mitte der Halle plaziert. Nur die Hälfte der Wände wurde erstellt, der Rest mit schwarzem Tuch verhangen. Die fehlenden Teile wurden später in Kalifornien von ILM eingefügt.

Marquand hatte sich dafür entschieden, mit einer der längsten und schwierigsten Sequenzen des Films zu beginnen: Jabbas Palast. »Alle dachten, ich sei verrückt geworden«, sagte Marquand. Normalerweise beginnen die Dreharbeiten eines

Richard Marquand

Films mit leichteren Sequenzen und Szenen, damit Drehteam und Regisseur sich aufeinander ein- und abstimmen können. Doch Marquand hatte Angst, dadurch ein zu langsames Tempo vorzugeben. Dann wäre es später zu schwierig, in einen höheren Gang zu schalten.
Nach einer Woche sah Marquand, daß das Tempo entweder ihn oder die Crew zerstören würde, oder sie würden es überstehen, den Drehplan einhalten und sich daher so gut fühlen, daß der Rest der Show kein Problem mehr darstellte. »Ein professionelles Drehteam ist wie ein Rennpferd. Du darfst die Zügel nicht locker lassen, wenn du aus dem Startblock kommst, oder du wirst auf die Seite geschoben, und das war's dann«, sagte Marquand.

Tatsächlich hatte Marquand die Reputation, ungemein hart mit seinen Teams umzugehen, aber ein Darling zu den Schauspielern zu sein.

Marquand hatte zu Beginn seiner Karriere ähnlich schlechte Erfahrungen mit Drehteams gemacht wie George Lucas. Beide waren sich sogar während der Londoner Dreharbeiten zu *Star Wars* begegnet und hatten sich gegenseitig ihr Leid geklagt.

Die Produktion von *Jedi* war auf eine Maxime hin ausgerichtet: Die finanzielle Krise von *Imperium* durfte sich nicht wiederholen. Lucas hatte nach *Imperium* zuerst Irvin Kershner für die Misere verantwortlich gemacht, sah aber später ein, daß er Kershner nicht genügend persönliche Unterstützung gegeben hatte. Er hätte einfach öfter am Drehort sein sollen. Lucas zeigte daher während der Dreharbeiten zu *Jedi* mehr

Die Regisseure der ›Star Wars Saga‹: Irvin Kershner, George Lucas und Richard Marquand.

Präsenz, was er »herumhängen« zu nennen pflegte, bestand aber darauf, daß er nie Regie führte: »Egal was die Leute denken, man kann nicht über jemandes Schulter Regie führen. Dafür ist es eine zu subtile Kunst.« Richard Marquand hatte keine Einwände gegen Lucas' Anwesenheit, und Lucas hatte Spaß, mit dem zweiten Kamerateam zu arbeiten. Und dort, obwohl er weit von der Kamera entfernt zu stehen pflegte, war ganz klar, wer hier das Sagen hatte. Bevor die Kameras wieder liefen, sagte der Regieassistent: »Wartet eine Minute, und laßt George einen Blick durchwerfen.« Lucas schaute durch die Linse und sagte: »Großartig.« Er beantwortete noch ein paar Fragen und ging dann weiter zur Haupthalle. Dort drehte Marquand gerade eine Szene mit Jabba the Hutt. »Hi, George, wie geht's?« erkundigte sich Marquand. Beide diskutierten die anstehende Szene, in der Luke Skywalker Jabbas Thronraum betreten sollte. Lucas überprüfte die Positionen der A- und der B-Kameras.

Dann betrachtete er Jabba und fragte Marquand: »Ist das Rotz für seine Nase oder seinen Mund?« Marquand ließ alles stehen und liegen: »Nein, der Nasenrotz ist grün.«

Die britischen Mitglieder des Teams schienen von Lucas nicht sonderlich beeindruckt und waren auch nicht besonders freundlich zu ihm. Lucas versuchte den Kontakt zu ihnen meist zu vermeiden.

Lucas nahm Platz, während Marquand die Szene probte. »Haltet den Mund!« schrie Regieassistent David Tomblin zu den 150 Leuten, die in der Kulisse standen. Lucas beobachtete das Ganze für einen Moment und bewegte dann die Kamera B ein Stück nach links. Er fragte Marquand, ob dieser einverstanden sei. »Klar, laß uns keine Zeit verschwenden«, sagte Marquand und probte weiter. Diese scheinbar lockere Zusammenarbeit zwischen Regisseur und Executive Producer führte dennoch in den ersten Wochen zu einigen Spannungen auf dem Set. Lucas fing an, mit seiner aktiven Mitarbeit Schauspieler und Team zu verwirren. Marquand sagte zum Beispiel in einer Szene zu Carrie Fisher, sie solle mehr

Lucas überwacht die Dreharbeiten in Crescent City.

aufrecht stehen, wie eine Wache des Tower von London. Als Lucas die Kulisse betrat und Fisher sah, sagte er: »Du stehst da wie eine Wache vom Buckingham-Palast! Wer hat dir die Idee gegeben?« Als Fisher ihm mitteilte, daß es Marquand gewesen war, zog sich Lucas sofort zurück.

Nach vier Wochen hatte sich aber alles ziemlich gut eingespielt. »Wenn es eine Meinungsverschiedenheit gab, ließ ich Richard den Vortritt«, sagte Lucas.

Jeder der *Star Wars*-Filme hatte einen Star, der aus den Reihen der vielen Kreaturen kam, die das *Star Wars*-Universum bevölkern. In *Star Wars* war es für die meisten die Cantina-Sequenz, in *Imperium* Yoda, der Jedi-Meister, und in *Jedi* wurde es Jabba the Hutt.

Einige der *Star Wars*-Veteranen im Team glaubten sich an jemanden namens Jabba erinnern zu können, und sie hatten recht. Am 9. April 1976 war Jabba kurz aufgelebt, in menschlicher Form, um dann ein paar Monate später auf dem Boden des Schneideraums wieder zu sterben. Dennoch war Jabba im Film als Charakter präsent, wenn auch nur über ihn gesprochen worden war. Er war der geheimnisvolle Unterweltsboß, dem der eingefrorene Han Solo übergeben worden war. Marcia Lucas, die für ihren Schnitt an *Star Wars* einen Oscar erhalten hatte, erinnerte sich an die Entscheidung, Jabba herauszuschneiden: »Jabba wurde heiß diskutiert. George hat die Szene mit Jabba nie gemocht, da ihm das Casting nicht gefallen hatte. Es gab da jedoch ein Element, das ich sehr mochte, und zwar wie George die Szene gedreht hatte. Jabba war in einer weiten Einstellung zu sehen und schrie herum, während im Vordergrund, in einem Close-up, Hans Körper in das Bild kam. Han hatte eine Hand auf seiner Knarre und sagte: ›Ich habe auf dich gewartet, Jabba.‹ Dann schnitt ich auf Hans Gesicht, und Jabba drehte sich um. Ich glaube, das war ein echt guter Moment für Han Solos Charakter. Es machte ihn zu einem richtigen Macho-Typen, und Harrison war sehr gut in der Szene. Aber Jabba sah nicht allzu gut aus, und seine Leute wirkten alle ziemlich lächerlich. Am Ende war die Szene nicht wirklich notwendig.«

Lucas wollte Jabba schon in *Star Wars* als Monster auftreten lassen, doch Fox wollte ihm die dazu fehlenden 80.000 Dollar nicht geben.

Doch nun, fünf Jahre später, sollte Jabba wieder auferstehen. Es war die erste Herausforderung für Phil Tippet und dessen Designteam in San Rafael. Sie begannen mit einem Design, das aussah wie ein häßlicher Wurm. Lucas schaute sich das genau an und sagte: »Zu schrecklich.« Sie versuchten es noch einmal mit Vorderarmen. »Zu menschlich. Versucht's noch mal«, sagte Lucas. Dieses Mal kamen sie mit einem fetten, schneckenartigen Monster, das viel Hilfe von seinen Untergebenen bräuchte. »Das ist mein Jabba«, sagte Lucas diesmal. Der englische Make-up-Designer Stuart Freeborn hatte nun die Aufgabe, dieses Design Realität werden zu lassen. Man gab ihm vor, daß Jabba ungefähr sechs Meter lang sein sollte. Er hatte eine götterspeiseähnliche Erscheinung, und alles mußte sich bewegen können: Nase, Augen, Zunge bis hin zu seinem Schwanz. Am Ende mußten drei Puppenspieler in Jabbas Körper arbeiten. Alle hatten einen Monitor, der ihnen zeigte, wie Jabba auf ihre Aktionen reagierte. Zwei bedienten Jabbas Arme, einer wackelte mit dessen Schwanz. Zwei weitere Puppenspieler bewegten durch Fernsteuerung seine Augen und die Zunge. Man benötigte am Ende also fünf Menschen, um Jabba the Hutt so lebendig wie möglich erscheinen zu lassen.

Nach erschöpfenden 78 Tagen in Elstree machte sich das Team auf, nach Amerika zu fliegen, um dort die Szenen auf Tatooine in der Hitze der Wüste Arizonas zu drehen und die Endor-Sequenzen in den Wäldern Nordkaliforniens.

Der üble Rancor.

Louis Friedman, Lucasfilms »Mann« in Yumas Wüste, hatte ein Schild am Eingang zum Drehort aufhängen lassen, das die Neuankömmlinge begrüßen sollte: »Willkommen im Land, wo Milch und Honig fließen und Sand und Sonne und Sonne und Sonne und Sonne und Sonne ...«

Auf die Frage, warum Arizona und Kalifornien, antwortete George Lucas nur: »Warum nicht?«

Produktionsdesigner Norman Reynolds war da etwas spezifischer. Nach einem Treffen mit Lucas im Frühjahr 1981 war klar, daß *Jedi* zwei Außendrehorte haben würde: eine Wüstengegend und ein großes Waldgebiet. Reynolds und die Koproduzenten Jim Bloom und Robert Watts fuhren los, um nach einer brauchbaren Wüste für Jabbas Segelbarke zu suchen. Ihre erste Erkundung führte sie von L. A. in einem geliehenen Wagen ins Death Valley, weiter nach Utah, zum Grand Canyon in Arizona, zu den weißen Dünen von New-

Eine Szene mit Boba Fett wird gefilmt.

Mexico, bis nach Phoenix, ohne Erfolg. Die Gruppe begann Zweifel zu hegen, ob sie ihre Drehorte je in den USA finden würde, bis sie nach Yuma in Arizona kam. Nach einer holperigen Fahrt über die Dünen von Yuma in Sandbuggies, kehrte sie zu Lucas in San Francisco zurück. Man beschloß, in Yuma zu drehen.

Lucas und Marquand wollten aber noch selbst die Redwoods in Nordkalifornien inspizieren, den Drehort für den imperialen Bunker auf Endor, bevor sie ihr Okay gaben. Unglücklicherweise schneite es an diesem Tag, und zudem hatte es in den vorangegangenen Monaten fast nur geregnet. Folglich war die Örtlichkeit ein Schlammloch. Lucas und Marquand standen bis zu den Knien im Dreck, doch Lucas gefiel die Atmosphäre der Gegend, und er gab seine Zustimmung. Reynolds reiste darauf noch des öfteren zwischen Yuma, den Redwoods und San Francisco hin und her, so daß er einschlief, wann immer er sich setzte, ob im Auto oder im Flugzeug.

»Im nachhinein, nach *Return of the Jedi,* eine Qualität, die ein Produktionsdesigner haben muß, ist die Fähigkeit, beinahe überall schlafen zu können, zu jeder Zeit und vorzugsweise in jeder Position«, sagte Reynolds.

Lucas wollte, daß *Jedi* unter einer Tarnung gedreht werden sollte, während man sich in Arizona und Kalifornien aufhielt, so daß die Produktion nicht von einem Heer von *Star Wars*-Fans belagert werden würde. Dies war die Geburtsstunde der *Blue Harvest*-Affäre.

Ein Journalist der Lokalzeitung von Yuma versuchte bei den Bautrupps von Jabbas Segelbarke etwas über den geheimnisvollen Film herauszubekommen, hatte aber nur teilweise Erfolg. Die Nachricht, daß ein Film in Yuma gedreht werden sollte, versetzte die verschlafene amerikanische Kleinstadt in Aufregung. Diese legte sich aber rasch wieder, als man in den Dünen auf keine Filmstars traf, sondern nur auf Arbeiter, die Nägel in Holz schlugen. Dieser kleine Zwischenfall reichte aus, um Lucas davon zu überzeugen, daß es einer kleinen Notlüge bedurfte. *Jedis* Codename war seit Produktionsbeginn *Blue Harvest*. So wurde eine gefälschte Presseverlautbarung vorbereitet, die bei zukünftigen Anfragen in Yuma und den Redwoods verteilt werden sollte. *Blue Harvest* wurde als Horrorfilm beschrieben, mit dem Untertitel *Horror Beyond Imagination* (Horror jenseits der Vorstellungskraft). Der Film würde nur unter Ausschluß der Öffentlichkeit gedreht und rund um die Uhr bewacht werden. *Blue Harvest* würde von Jim Bloom produziert werden, und David Tomblin wäre der Regisseur. Filmstart wäre Halloween 1983.

Diese neuen Informationen wurden an die Lokalzeitung von Yuma, die *Yuma Daily Sun,* weitergeleitet und auch gedruckt. Doch Redakteur Dan Smith fand es komisch, daß die Bauarbeiter Pläne mit der Aufschrift *Return of the Jedi* verwendeten. Er fragte beim Filmbüro des Staates Arizona nach und bekam folgende Antwort: »Zur Hölle, die können uns erzählen, was sie wollen. Kümmert uns wirklich nicht, was die für einen Film drehen, solange sie ihr Geld in Arizona ausgeben!«

Howard Kazanjian reagierte trotzdem scharf auf die Unachtsamkeit seiner Leute in Yuma. Er befahl, sofort alle Logos mit der Aufschrift *Return of the Jedi* zu entfernen und Modelle zuzudecken. Außerdem sollte herausgefunden werden, wer da in Yuma zuviel geredet hatte.

Der *Yuma Daily Sun* machte man ein Angebot, das sie nicht ablehnen konnte. Dafür, daß die Zeitung während der Dreharbeiten Ruhe bewahrte, durfte sie nach Abreise des Teams eine 20seitige Extraausgabe über *Jedi* drucken, weltweit exklusiv.

Lucas hatte auch einige T-Shirts mit der Aufschrift *Horror Beyond Imagination* drucken lassen. Auf die Frage, ob es da um die Filmhandlung ginge, antwortete Lucas: »Nein, darum geht's bei der Herstellung des Films.«

Doch einige *Star Wars*-Fans ließen sich selbst von diesen ausgetüftelten Verschleierungen nicht täuschen. Der *San Francisco Examiner* hatte im Rahmen eines Berichts über die neu-

Marquand, der ideale Regisseur für Lucas.

este Lucasfilm-Produktion *Blue Harvest* in seiner Ausgabe vom 6.12.1981 ein Photo von den Bauarbeiten an Jabbas Segelbarke veröffentlicht. Darauf war lediglich eine Baustelle zu sehen, welche die Form eines Schiffes hatte.

Den Fans kam das doch recht spanisch vor, und sie wollten mehr erfahren. So brauste ein Konvoi von Autos die 150 Meilen nach Arizona und erreichte nach einigen Irrfahrten die Dünen von *Buttercup Valley*. Die Fans identifizierten den Drehort an den riesigen roten Segeln von Jabbas Barke. Sofort wurde nach Parkmöglichkeiten gefahndet, und man zückte die Photoapparate. Das erste Opfer der Fans wurde Richard Edlund von ILM, der in einem Hubschrauber mit einer speziell montierten Kamera landete. Edlund trug eine Baseball-Cap mit der Aufschrift *Blue Harvest*.

Die Produktion war von der Ankunft des Fan-Konvois gar

Lucas macht eine Pause während der Dreharbeiten in der Wüste Yumas.

nicht begeistert. Kazanjian witterte sofort ein Sicherheitsleck unter dem Drehteam und verlangte Nachforschungen. Mark Hamill wurde zu den Fans geschickt, denn die Tarnung war inzwischen offensichtlich aufgeflogen. Er sollte ein paar Autogramme unterschreiben und die Fans beruhigen.

Ansonsten verliefen die Dreharbeiten in Yuma ohne große weitere Probleme, wenn man von der Hitze, dem unberechenbaren Wind und den lokalen Sandbuggie-Enthusiasten absah – und dem Sand. Der Sand war überall. Jeden Tag mußte er aus den High-Tech-Kameras herausgesaugt werden. Sogar Licht dringt nicht so weit in die Kameras vor. Niemand wußte, wie er dort hineinkam. Richard Marquand mit seiner Schutzbrille und dem Taschentuch vor dem Gesicht sah aus wie Rommel der Wüstenfuchs.

Die morgendlichen Storyboard-Konferenzen zwischen Richard Marquand, George Lucas und David Tomblin im Pueblo Coffee Shop wurden ein Teil der Alltagsroutine in Yuma. Der Chefredakteur der *Yuma Daily Sun* schaute immer wieder mal vorbei, »just checking«, und Lucas pflegte witzige Parolen des Tages auszugeben, wie: »Heute hatten wir schon bessere Wochen.«

Am 24. April 1982 zog der *Blue Harvest*-Zirkus 1067 Meilen weiter, in die Wälder bei Crescent City in Nordkalifornien. Der Klimawechsel hätte nicht radikaler sein können. Morgendlicher Nebel und Temperaturen um die 15 Grad. Gelbe Regenmäntel gehörten zur Standardausrüstung.

Das größte Problem bei Crescent war, die Landbesitzer dazu zu überreden, daß sie der Filmcrew erlaubten, ihren wertvollen Landbesitz in ein Schlachtfeld zu verwandeln. Die Reaktionen fielen kühl aus.

Admiral Ackbar

Auch die Behörde für Naturschutz des Staates Kalifornien hatte Bedenken. Ein Filmteam an einem Drehort in Aktion zu sehen ist, wie eine Armee Ameisen zu beobachten. Es werden Kabel herumgezerrt, die Vegetation wird beschädigt, denn da trampeln eine Menge Füße durch die Gegend, und da sind noch die Fahrspuren der Lastwagen und anderer Fahrzeuge.

Doch in der Stadt Crescent City, die hart von der Rezession in der Holzindustrie getroffen worden war, wurde Lucasfilm mit offenen Armen empfangen. Man mußte einen Teil des Waldes roden und dann neu bepflanzen, um ihm einen außerirdischen Look zu verpassen. Auch mußte man sich zuerst mit den lokalen Einheimischen anfreunden. Die Crew wurde ein wenig nervös, als sie entdeckte, daß ein Bär in der Gegend lebte und seine Anwesenheit durch das Hinterlassen von tiefen Furchen in einem bestimmten Baum neben der Kamera mittcilte. Ansonsten blieb er friedlich, und zumindest gab es keine Schlangen. In einem Wald einen Film zu drehen ist für Schauspieler wie Techniker immer ein Problem. Besonders für die »kleinen Leute«, die in pelzigen Kostümen die Ewoks darstellen mußten. Es war nicht leicht für sie, ein sehr schweres Kostüm zu tragen, aus dem man kaum heraussehen konnte und in dem nur schwer zu atmen war. Zur gleichen Zeit mußten sie mit Latexschaum an ihren Füßen über Felsen und Büsche stolpern.

Natürlich versuchte man es den »Kleindarstellern« so angenehm wie nur möglich zu machen. Aber nach einigen Wochen Drehzeit, besonders in der letzten Woche des Films in Crescent, war der Geduldsfaden scheinbar gerissen.

Kazanjian erschien am Drehort und begegnete dort dem Produktionsassistenten Ian Bryce, der ein schrecklich beunruhigtes Gesicht machte. Er zeigte Kazanjian einen Zettel, den die Ewoks-Darsteller geschrieben hatten: »Ian, wir sind zum Flughafen. Uns reicht's. Wir haben genug und hauen ab.«

Kazanjian schickte Bryce aufgeregt hinterher, um die »Ewoks« abzufangen. Aber nicht weit vom Drehort hatte sein

Auto einen Platten. Er mußte zurück und einen anderen Wagen nehmen. Gerade als er losfahren wollte, hielt ein Bus neben ihm, und die »Kleindarsteller« sprangen lachend und kreischend heraus. Sie trugen alle T-Shirts mit der Aufschrift: *Rache der Ewoks.*
Der Film, den Marquand am Ende drehte, war nicht der Film, den Lucas gedreht hätte. Es gab Momente während der Dreharbeiten, in denen Lucas dachte: »Scheiße, wenn ich da jetzt nur rankönnte und die Sache bereinigen ...« Es gab Szenen, die er im Schneideraum betrachtete, die seine Zähne knirschen ließen. Aber er wußte auch, daß der Film nur anders war, nicht notwendigerweise besser oder schlechter. »Wenn ich den Film haben will, den ich will, hätte ich selbst Regie führen müssen«, sagte Lucas. »Aber da ich es aufgegeben habe, muß ich den Stil eines anderen Regisseurs akzeptieren.«

Das *Star Wars*-Universum

Die wichtigsten Begriffe, Charaktere und Schauplätze

Die Allianz der Rebellen
Die populäre Bezeichnung für die Allianz zur Wiederherstellung der Republik ist die Rebellion. Die Allianz ist ein Zusammenschluß von Sternensystemen, Einzelwelten, Fraktionen und Individuen, die sich der Tyrannei des Imperiums und seiner neuen Ordnung entgegenstellen. Ihr Ziel ist es, der Galaxie Gerechtigkeit und Freiheit zurückzugeben. Die oppositionellen Tätigkeiten der Allianz reichen von subversiven Aktionen bis hin zu militärischen Unternehmungen, die in der Schlacht um Endor und der Zerstörung des neuen Todessterns gipfeln.

Das Imperium
Der Imperator Palpatine nannte sein Regime das galaktische Imperium, nachdem er die Macht ergriffen hatte. Sein Regime sollte durch Notverordnungen und eine starke Hand die Korruption und die sozialen Ungerechtigkeiten der alten Republik beseitigen. Doch bald wurde offensichtlich, daß Palpatine nie die Absicht hatte, den alten Zustand wiederherzustellen und der Galaxis Frieden zu geben. Er etablierte das Imperium, eine Maschinerie der Tyrannei und des Bösen. Gestützt von einer riesigen Kriegsflotte und zusammengehalten von der dunklen Seite der Macht des Imperators und seiner rechten Hand, Lord Darth Vader, regierte das Imperium die Galaxie für viele Jahrzehnte. Die eisernen Fesseln wurden erst bei der Schlacht um Endor gesprengt.

Die alte Republik
Die alte Republik war die demokratische Regierung der Galaxis. Für über 1000 Generationen verbreitete diese Insti-

tution Frieden, Freiheit und Gerechtigkeit von Sternensystem zu Sternensystem. Gewählte Senatoren und Administratoren der Mitgliedswelten nahmen am Regierungsprozeß, den Senatssitzungen, teil. Die Jedi-Ritter dienten der Republik als Verteidiger. Doch schleichende Korruption, Gier und interne Auseinandersetzungen zerstörten die alte Republik von innen. Apathie, soziale Ungerechtigkeit, Ineffektivität und Chaos drohten die Republik zu zerstören. Um diesen Trend umzukehren, wurde ein Kompromißkandidat zum Präsidenten des Senats gewählt. Doch trotz aller Versprechen erklärte sich der frisch gewählte Senator Palpatine zum Imperator und schaffte die Republik ab. Das Imperium war geboren.

Luke Skywalker
Der Held der zweiten *Star Wars*-Trilogie. Luke Skywalker ist ein Bauernjunge vom Wüstenplaneten Tatooine mit dem Traum, eines Tages Raumkadett zu werden. Der Konflikt zwischen der Rebellion und dem Imperium ändert den Verlauf seines Lebens für immer. Sein Leben wird von drei Leidenschaften beherrscht: seinem Kampf für die Sache der Rebellen, seinen Versuchen die Macht zu beherrschen, und der Hingabe für seine Freunde. Er ist der Sohn von Anakin Skywalker, der zur dunklen Seite der Macht überlief und Darth Vader wurde.

Prinzessin Leia Organa
Leia Organa, Prinzessin und Senatorin des Planeten Alderaan, schloß sich früh der Sache der Rebellenallianz an und wurde bald einer ihrer populärsten und einflußreichsten Führerinnen. Während der Schlacht um Endor erfährt sie, daß sie die Zwillingsschwester von Luke Skywalker ist. Die zwei wurden nach ihrer Geburt getrennt und von Obi-Wan Kenobi versteckt, um sie zu schützen. Er glaubte, daß die beiden mit ihrer latenten Fähigkeit, die Macht zu beherrschen, die einzige Hoffnung für die Galaxis wären, vorausgesetzt, der Imperator würde nie etwas von ihnen erfahren.

Han Solo
Dem Correlianer Han Solo kann man viele Etiketten umhängen: Raumschiffpilot, Schmuggler, Pirat und sogar Held der Rebellion. Er wurde in den galaktischen Bürgerkrieg hineingezogen, als er in der Cantina des Raumflughafens Mos Eisley einen Transportauftrag annahm. Nachdem Han Solo eine illegale Gewürzladung des Unterweltchefs Jabba the Hutt über Bord gekippt hatte, um einer imperialen Inspektion zu entgehen, hatte Jabba einen Preis auf Solos Kopf ausgesetzt. Um Jabba die Schuld zurückzuzahlen, akzeptiert er in Mos Eisley den unangenehmen Auftrag von Ben Kenobi und Luke Skywalker.

Chewbacca (Chewie)
Chewbacca ist ein zwei Meter großer Wookie. Er dient an Bord des Millennium-Falken als Han Solos Kopilot. Über 200 Jahre alt, verbrachte der Wookie die letzten Jahrzehnte an der Seite von Han Solo (der ihn Chewie nennt), dem er sein Leben verdankt. Wie alle Wookies ist Chewbacca mit Pelz bedeckt, verständigt sich durch eine Mischung von Bellen, Grunzen und Schreien und ist sehr stark.

C-3PO
C-3PO ist ein Protokolldroide mit einer Spezialisierung für Übersetzungen und Interpretationen. Er spricht über sechs Millionen Sprachen. Seit seiner letzten Gedächtnislöschung (falls er je eine hatte) hat er ein Talent fürs Geschichtenerzählen entwickelt. C-3PO behauptete, daß er und sein Kumpel R2-D2 das Eigentum des Kapitäns Antilles gewesen seien, bevor sie von Luke Skywalkers Onkel erworben wurden.

R2-D2
Der Astronomech-Droide R2-D2 hat sich noch vor der Schlacht um Yavin an Luke Skywalker angehängt und ist ihm seitdem nicht mehr von der Seite gewichen. Wie alle Astromech-Droiden ist er ein Sternenschiffwerkzeug. Sein gewölb-

ter Kopf kann sich um 360 Grad drehen, und sein kurzer, zylinderartiger Körper ist voller Sensoren, Instrumente und anderer Utensilien, die ihn bei seiner Arbeit unterstützen.

Ben (Obi-Wan) Kenobi
Ben Kenobi ist der Einsiedler, der in der westlichen Wüste Tatooines lebt. Er wird von den Einheimischen als ein komischer alter Kauz gesehen. In Wirklichkeit ist er aber Obi-Wan und diente der alten Republik als ein Jedi-Ritter. Kenobi studierte die Macht unter Leitung des Jedi-Meisters Yoda. In der Zeit der Krise, des Untergangs der Republik, scheiterte er bei dem Versuch, selbst Jedi auszubilden. Sein Schüler Anakin Skywalker lief zur dunklen Seite der Macht über und wurde der böse Darth Vader. Kenobi zog sich nach Tatooine zurück, um dort persönlich über die letzte Hoffnung der Jedi, Luke Skywalker, zu wachen.

Darth Vader
Darth Vader, zwei Meter groß und in eine schwarze Rüstung gekleidet, ist das böse Symbol der Imperiumsdoktrin: Regiere durch Angst und Terror. Zunächst der Botschafter des Imperators, übertrug man ihm nach der Zerstörung des ersten Todessterns das Kommando über die imperiale Flotte. Er hatte den Auftrag, die Rebellenallianz zu finden und zu zerstören. In *Imperium* erfahren wir, daß Darth Vader tatsächlich der Vater von Luke Skywalker ist.

Tatooine
Tatooine ist ein Wüstenplanet, der um zwei Doppelsonnen kreist. Lokalisiert in den äußeren Rim-Territorien, ist Tatooine ein entlegener, unbedeutender Planet, wäre er nicht die Heimatwelt von Luke Skywalker.

Dagobah
Der Sumpfplanet Dagobah liegt in einem wenig frequentierten Teil der Galaxis. Der Planet, umhüllt von dichtem Nebel

und Vegetation, ist das perfekte Versteck für den Jedi-Meister Yoda.

Endor
Das Endor-Sternensystem wurde vom Imperium als eine Art Bauplatz für die Konstruktion des zweiten Todessterns benutzt. Das unbedeutende System hatte wenige Planeten und keine Raumhäfen oder Shuttleports. Es war die ideale Umgebung für das geheime Projekt. Es wurde später berühmt als der Ort der Entscheidungsschlacht der Rebellion gegen das Imperium.

Todesstern
Der Todesstern war die ultimative Waffe im Arsenal des Imperiums. Es wurde als eine Antwort des Imperators auf die aufflammende Rebellion gebaut. Diese Terrorwaffe, die mit ihrer Feuerkraft ganze Planeten vernichten konnte, sollte die abtrünnigen Systeme wieder in den Schoß des Imperiums treiben.

Die Stars

Mark Hamill

»Luke Skywalker«. Mark Hamill wurde am 25.9.1952 in Oakland, Kalifornien, geboren. Eines von sieben Kindern eines Marinekapitäns, wurde Hamill schon als Kind ein internationaler Reisender. Als Kind pflegte er Besucher mit seinen Zauberkünsten und Puppenspielen auf die Nerven zu gehen. Da sein Wohnort oft wechselte, hatte Hamill nie einen festen

Mark Hamill

Freundeskreis in seiner Kindheit und suchte Zuflucht im Kino. Dort begeisterten ihn in den Nachmittagsvorstellungen Fantasyfilme wie *King Kong, Jason and the Argonauts* und *Twenty Thousand Leagues Under the Sea/20.000 Meilen unter dem Meer.* Der Film *King Kong* war für ihn alles: »Ich sah *King Kong* in einem Alter, in dem man leicht zu beeindrucken ist. Ich sah den Film fünf Tage hintereinander, jeden Nachmittag. Ich war fasziniert von der Vorstellung, ob man ihn nicht auf der Insel hätte lassen können, anstatt ihn in die Zivilisation mitzunehmen.«

Hamill las oft das Filmmagazin *Famous Monsters,* und eines Tages kam ihm der Gedanke, daß Filme zu machen für manche Leute ein Beruf ist. Von da an wollte Mark Schauspieler werden.

Doch zuerst mußte der Junge zur High School in Japan, wo sein Vater stationiert war. Es war eine englischsprachige Schule, aber die meisten Schüler waren Japaner. Die Zeit in Japan wurde zu Hamills »Cineasten-Periode« Die Marine bekam alle Filme kostenlos, sogar die, die in den Staaten noch gar nicht gestartet waren. Außerdem liefen auch viele ausländische Filme, und das Programm wechselte täglich.

Zurück in den Vereinigten Staaten, besuchte Hamill 1970 eine Schauspielklasse auf dem Los Angeles City College. Schon vor der ersten Unterrichtsstunde hatte Mark eine kleine Rolle in einer TV-Serie mit Bill Cosby, und es folgten Serien wie *Night Gallery, Owen Marshall, Room 222, The Patridge Family* und *Cannon.* Für neun Monate trat er regelmäßig in *General Hospital* auf, damals eine der beliebtesten Serien Amerikas. Es folgten einige TV-Filme (Movies of the Week) wie *The Texas Wheelers, Autumn Lost* mit Patricia Neal, *Sara T., Portrait of a Teenage Alcoholic* mit Linda Blair.

Im November 1976 bekam Hamill einen Anruf von seiner Agentin; sie erzählte ihm von einem Casting in den Goldwyn Studios. Es handele sich um einen SF-Film, und es gehe wohl um einen Jungen, der von einer Farm kommt. Hamill studierte daher einen Akzent, den man im Mittelwesten Amerikas

Mark Hamill

spricht, doch eigentlich wollte er nur auf dem Set sein, um zu sehen, wie die Spezialeffekte für diesen Film hergestellt würden. Es war ein Vorsprechtermin, den man in der Industrie als »Kühetreiben« bezeichnet. Hunderte von hoffnungsvollen Schauspielern saßen in den Gängen und warteten auf ihre Chance. Als Mark an der Reihe war, stellte er fest, daß es sich um eine Doppelaudition handelte. Er sprach mit Brian De Palma, während George Lucas ruhig in einer Ecke saß und Notizen machte.
»Hi, ich bin Mark Hamill. Ich habe vier Schwestern und zwei Brüder. Ich wuchs in Virginia, New York und Japan auf ...«
»Danke«, unterbrach ihn De Palma. »Und ich ging wieder raus«, erinnert sich Hamill.
Doch der junge Mann hatte bei George Lucas einen Eindruck hinterlassen. Er wurde für eine engere Auswahl zurückgerufen und zurückgerufen und zurückgerufen ...

Nachdem er Hunderte von Kandidaten getestet hatte, entschied sich Lucas, mit einer kleinen Gruppe Probeaufnahmen zu machen. Die Gruppe wurde in Paare aufgeteilt. Hamills Partner war Harrison Ford. »Ich saß im Gang mit Harrison«, sagt Hamill. »Geee, der sah so ruhig aus und so. Ich fragte ihn, was er schon getan habe, und er erzählte mir von *American Graffiti*. Also kannte er Lucas ein wenig. Ich glaube nicht, daß Lucas je etwas von meiner Arbeit gesehen hatte. Für ihn hätte ich irgendein Typ von der Straße sein können, der zufällig einen Agenten hat.«

»Die Testszene mit Harrison ist nicht im Film zu sehen«, sagt Hamill. »Ich und Harrison befanden uns im Cockpit des Millennium-Falken, und ich sagte etwas, daß Alderaan seltsamerweise verschwunden sei. Harrison sagte, ›Okay, gut. Ich nehm' einfach die 15.000 und laß euch hier raus. Wißt ihr, ich glaube, ich mag euch nicht besonders.‹ Und das war der Schluß. Ich hatte noch eine wahnsinnige Dialogzeile, die schwerste, die ich jemals auswendig lernen mußte. Ich war eineinhalb Stunden vor dem Test da und las das Ding immer wieder: ›Angst ist deren beste Verteidigung. Ich bezweifle, daß deren Sicherheitssystem besser ist als das im Aguilar-System. Was sie haben, ist wohl mehr auf einen Großangriff hin ausgerichtet.‹ Wer spricht so!? Niemand! Ich sicherlich nicht. Aber man muß es verkaufen. Ich kannte ja das Drehbuch nicht. Ich wußte wirklich nicht, wonach George suchte.«

Hamill dankt heute noch seinem Glücksstern, daß Lucas' Casting instinktiv war: »Hätte George mich noch fünfmal öfter gesehen, hätte ich die Rolle sicherlich nicht bekommen.«

Wegen des Aufbaus der Geschichte und des Kleingedrucktem in seinem Vertrag war *Star Wars* für Hamill immer eine dreiteilige Angelegenheit: »Ich nahm an, daß der Film mindestens so erfolgreich wie *Planet der Affen* werden würde, auch wenn er nur um Mitternacht in Studentenvierteln gezeigt werden würde. Als ich nach England kam, um an *Star Wars* zu arbeiten, dachte ich mir, daß ich mir zwar meine Gedanken

machen würde und eine eigene Meinung hätte, aber ansonsten der perfekte Soldat sein würde. Sowieso, wenn George denkt, daß man unrecht hat, kann man ihn nie vom Gegenteil überzeugen.
Ich bin jemand, der normalerweise auch das sagt, was auf der Seite geschrieben steht, außer es ist völliger Blödsinn. Harrison ist da experimentierfreudiger. Für mich ist ein schwerer Dialog eine Herausforderung.«
Als *Star Wars* über Nacht zu einem Phänomen wurde und sich alle Beteiligten, Hamill eingeschlossen, im Rampenlicht baden durften, dachten viele Leute, es wäre Hamills erster Schauspieljob gewesen: »Statt ein wirklicher Durchbruch für meine Karriere zu sein, hat *Star Wars* irgendwie alles verschlimmert. Ich werde zu sehr mit der Rolle des Luke Skywalker identifiziert, um ernsthaft für andere Dinge in Betracht gezogen zu werden. Auch schauspielerisch entwickelt man sich hier nicht weiter. Nun, um ehrlich zu sein, man erschafft sich seine eigenen Hindernisse. Ich möchte gern ein wenig aussteigen und ein paar Lehrjahre einlegen. Ich brauche nichts mehr zu beweisen.«
»Die *Star Wars Saga* wird für mich immer eine ganz besondere Zeit bleiben. Als ich damit begann, war mir natürlich klar, daß ich nicht immer so jugendlich aussehen würde. Doch *Star Wars* war eine einmalige Gelegenheit. *Star Wars* zwang mich, meine Karriere mit anderen Augen zu sehen.«
Nach dem Abschluß der *Star Wars*-Trilogie stand Mark Hamill an einem Scheideweg. Er war tatsächlich zu alt, den Jüngling zu spielen, aber noch zu jugendlich aussehend, um die Rolle eines Lebenserfahrenen zu übernehmen. Seine Karriere machte ein Satz in die Tiefe, den auch zwei Broadway-Auftritte nicht verhindern konnten. Hamill trat die Nachfolge von David Bowie in *The Elephant Man* an und spielte die Hauptrolle in *Amadeus*.
Inzwischen ist Hamill wieder im Fernsehen tätig. Er absolvierte Gastauftritte in Serien, zumeist Science-fiction-Stories wie *Seaquest* und *The Flash*. Eine Zusammenarbeit mit *Star*

Wars und *Imperium*-Produzent Gary Kurtz in dem Film *Slipstream* erwies sich als nicht sonderlich erfolgreich.

Filme

1974	The Texas Wheelers (TV-Serie)
1975	Delancey Street: The Crisis Within (TV-Film)
1975	Eric (TV-Film)
1975	Sarah T., Portrait of a Teenage Alcoholic (TV-Film)
1975	One Day at a Time (TV-Serie)
1976	Mallory: Circumstantial Evidence (TV-Film)
1977	Bob Hope Special: Bob Hope's Christmas Special (TV-Special)
1977	Wizards/Die Welt in zehn Millionen Jahren
1977	Star Wars/Krieg der Sterne
1977	The City (TV-Film)
1978	Corvette Summer
1980	The Empire Strikes Back/Das Imperium schlägt zurück
1980	The Big Red One/The Big Red One (Die unbesiegbare Erste)
1981	The Night the Lights Went Out in Georgia
1982	Britannia Hospital
1983	Return of the Jedi/Die Rückkehr der Jedi-Ritter
1985	The Night of 100 Stars II (TV-Special)
1987	The 41st Annual Tony Awards (TV-Special)
1989	Slipstream
1991	Earth Angel (TV-Film)
1991	Black Magic Woman
1992	Batman: The Animated Series (TV-Serie)
1992	The Guyver/Guyver – Dark Hero
1993	Commander Toad in Space (TV-Special)
1993	Time Runner
1993	Midnight Ride
1993	John Carpenter Presents Body Bags (TV-Film)

Harrison Ford

»Han Solo«. Geboren als Kind einer irischen Mutter und eines russischen Vaters am 13. Juli 1942 in Chicago. Er verbrachte eine typische amerikanische Mittelklasse-Kindheit, ohne besondere Vorkommnisse. Ford war während seiner Jugend ein Einzelgänger, vergrub sich aber selten in Bücher und verbrachte keine einsamen Samstagabende im Kino.
Seine Ausbildung erhielt er am Ripon College in Nord-Wisconsin. Ford studierte drei Jahre Englisch und Philosophie. In seinem letzten Jahr hatte er keine Ahnung, wie er je mit seinem erworbenen Wissen Geld verdienen könnte. Diese Erkenntnis demoralisierte ihn dermaßen, daß er den Rest seiner Kurse schwänzte. Das College warf ihn daraufhin hinaus, genau drei Tage vor der Abschlußfeier, für die seine Eltern bereits ein Hotelzimmer in der Stadt reserviert hatten.
Aus der akademischen Gemeinschaft ausgewiesen, mußte sich Ford nun der Realität stellen. Obwohl ohne Job und ohne Zukunft, hielt er es für eine gute Idee, seine College-Liebe Mary zu heiraten.
Ford war in ein paar Theaterproduktionen des Colleges involviert und wollte sich diese Erfahrungen zunutze machen. Er wollte Schauspieler werden. Doch die Theaterszene von Wisconsin konnte ihn irgendwie nicht binden. Wollte er wirklich eine Karriere als Schauspieler beginnen, so wußte er, gab es nur zwei Orte, um dies zu tun: New York und Los Angeles. Ford warf eine Münze. Die Wahl fiel auf New York. Er warf erneut. Diesmal entschied sich das Schicksal für Los Angeles. Harrison hatte keine Illusionen, was seine zukünftige Karriere anging. Wenn schon arbeitslos und arm, dann wenigstens unter der Sonne. So luden Ford und seine Frau ihre Habseligkeiten in einen VW-Käfer und fuhren so lange gen Westen, bis sie auf den Pazifik trafen.
Harrison spielte im Theater von Laguna Beach in *John Brown's Body,* wo ihn ein Talentscout der Columbia Studios sah und zu einem Vorsprechen einlud. Zu einer Zeit, als die

Hollywood-Studios noch selbst Filme produzierten, hielten sie sich Scharen von hoffnungsvollen Schauspielern unter Vertrag, um sie billig auf Abruf für kleine Nebenrollen und Statistentätigkeiten in ihren Filmen zu nutzen.

Fords Vorsprechen bei dem Casting Director von Columbia war reines Hollywood. Er kam in ein großes Büro und traf dort auf zwei Männer hinter Schreibtischen, die jeder gleichzeitig in zwei Telefone sprachen. Ford setzte sich und hörte, wie sie über große Namen und viel Geld diskutierten. Nach zehn Minuten schaute ihn der Casting Director überrascht an. »Wer hat Sie denn geschickt?« Ford erklärte ihm die Situation. Der Casting Director drehte sich zu dem anderen Mann und sagte, »Wer ist das?« – »Keine Ahnung«, erwiderte der andere. Der Casting Director wendete sich wieder an Ford: »Na ja, macht nichts. Wie ist Ihr Name? Wie groß? Wieviel wiegen Sie? Irgendwelche speziellen Hobbies, Talente, Fähigkeiten? Sprechen Sie Fremdsprachen? Okay, gut. Falls wir etwas für Sie haben, lassen wir es Sie wissen.«

Ford stand schon vor dem Aufzug, als ihn der Assistent des Casting Directors zurückrief. »Was würden Sie davon halten, wenn wir Sie unter Vertrag nähmen?« fragte ihn der Casting Director. Ford sagte: »Für wieviel?« – »150 Dollar die Woche. Vertrag läuft über sieben Jahre.«

So wurde Ford für einige Jahre ein widerwilliger Vertragsschauspieler für die Columbia und Universal Studios. Er spielte hauptsächlich kleine Rollen in Fernsehserien wie *Ironside, Gunsmoke* und *The FBI*.

Hin und wieder gaben die Studios ihren besseren Kleindarstellern eine Nebenrolle in einem Spielfilm. Man konnte ja nie wissen, schon mancher Star wurde auf diese Weise entdeckt. So schlug 1966 auch Fords Stunde als ein Page in *Dead Heat on a Merry-Go-Round*. Ford mußte in einer Hotelszene James Coburn ein Telegramm überreichen.

Fords Performance rief jedoch keine Beifallsstürme hervor. Der Vizepräsident von Columbia holte Ford in sein Büro. »Setz dich, mein Junge. Ich möchte dir eine Geschichte er-

Harrison Ford

zählen. Das erste Mal, als Tony Curtis in einem Film auftrat, übergab er eine Schachtel mit Lebensmitteln. Wir haben uns das angeschaut und wußten, das ist ein Filmstar. Nun du, du hast es nicht, Junge. Du arbeitest nicht hart genug. Ich will, daß du noch Schauspielkurse nimmst und weiter lernst. Und jetzt verschwinde.«

Ford war am Boden zerstört. Er glaubte, alles richtig gemacht zu haben. Er sollte einen Pagen spielen und nicht wie ein Filmstar auftreten. Er war nun in einem siebenjährigen Vertrag eines Studios gefangen, das ihn nicht auftreten lassen wollte.

Ford begann sein Haus umzubauen und lernte so viel über die Schreinerei. Er lieh sich Bücher über das Thema aus, kaufte sich die dafür notwendigen Werkzeuge und begann Möbel zu machen und Häuser zu renovieren. Er wurde Schreiner. Er lehrte sich die Schauspielerei, wie er sich die Schreinerei lehrte, indem er sich der Logik des Handwerks unterwarf. Seine Ansätze waren und sind in beiden Fällen völlig technisch.

So geschah es, daß 1972 – das Studiosystem war mittlerweile tot – ein für Harrison unbekannter Filmemacher namens George Lucas ein Casting für sein Projekt *American Graffiti* ansetzte. Harrison kniete auf dem Flur vor dem Vorsprechzimmer und reparierte eine Tür, als er Richard Dreyfuss hereinkommen sah, um Lucas wegen *Graffiti* zu sprechen. Ford, der aussah wie ein Handwerker, bemühte sich ebenfalls um einen Casting-Termin. Seine Einstellung zur Schauspielerei hatte sich inzwischen grundlegend geändert. Harrison verdiente seinen Lebensunterhalt mit seiner Schreinerei und war damit recht erfolgreich. Als er vor George Lucas stand, stand er da nicht als ein hungriger, verzweifelter Schauspieler, der einen Job brauchte, sondern als jemand, der schon ein Leben hinter sich hat, als jemand, der auf diese Rolle nicht angewiesen war. Es war eine wichtige Veränderung in Fords Leben. Er hatte seinen Stolz zurückgewonnen und bekam die Rolle des Bob Falfa. Der Erfolg von *Graffiti* bedeutete auch einige neue Rollen für Ford wie in Coppolas *The Conversation,* in *Dynasty* und *The Trial of Lt. Calley.*

Doch Ford war immer noch ein schauspielender Schreiner.

Als das Casting für George Lucas' *Star Wars* näher rückte, machte sich Ford keine großen Hoffnungen. Er wußte, daß Lucas niemanden von *Graffiti* wieder verwenden wollte, und er war ja nicht einmal einer der Hauptdarsteller gewesen.

Wie Ford dennoch einen Casting Call für *Star Wars* erhielt, war beinahe eine Wiederholung der Ereignisse um *Graffiti:* Ford sollte das Büro für Coppolas Art Director renovieren. Er wußte, daß während des Tages im Nachbarbüro gearbeitet wurde, und da es Ford etwas peinlich war, vor Coppola und Lucas als Schreiner zu erscheinen, arbeitete er nur nachts. Aber eines Nachts ging es nicht so recht voran, und er mußte am Tag weiterarbeiten. Dies war der Tag des Castings für *Star Wars*.

Harrison Ford als Han Solo.

Ford war wieder auf seinen Knien, als Lucas, Coppola und Richard Dreyfuss hereinkamen. Er fühlte sich schrecklich, doch nach mehreren Wochen und nachdem, wie Ford meinte, die halbe Welt getestet worden war, bekam er die Rolle des Han Solo. Die Welt würde für Harrison Ford nie mehr dieselbe sein. Der Erfolg von *Star Wars* brachte nicht nur finanzielle Vorteile. Harrison war zum erstenmal in seinem Leben in der Situation, daß Rollen an ihn herangetragen wurden. So schob er vor den Dreharbeiten zum zweiten *Star Wars*-Teil ein paar Filme ein wie *Heroes, Force Ten from Navarone, Hanover Street* und *The Frisco Kid*.

1978 hatte Ford noch keinen Vertrag für die Fortsetzung von *Star Wars* unterschrieben. Er verhandelte mit Lucas über bessere Bedingungen und die Tatsache, daß Han Solo im nächsten Teil eine zentralere Rolle spielen sollte. Lucas stimmte allen Forderungen Fords willig zu, obwohl dieser am Ende nicht mehr als seine Kostars verdiente.

Der Film ging zwar sechs Millionen Dollar über das Budget hinaus und hinkte zehn Wochen hinter dem Zeitplan her, doch Harrisons Erfahrungen bei den Dreharbeiten zu *Das Imperium schlägt zurück* waren durchweg positiv. Er war geradezu euphorisch über seine Zusammenarbeit mit Regisseur Irvin Kershner, der Ford enorm viel Freiheiten ließ. Dies schlug sich auch in der Qualität von Fords schauspielerischer Leistung nieder. Zuschauer wie Kritiker bescheinigten ihm, daß er im Vergleich zu *Star Wars* große Fortschritte gemacht hätte. Es wurde zum erstenmal von Star-Qualitäten gesprochen.

Der absolute Durchbruch kam für Harrison Ford aber in einer anderen Lucas-Kreation – *Jäger des verlorenen Schatzes*. Der Erfolg des Films und seine Darstellung des Archäologen Indiana Jones machten Ford über Nacht zu einem wirklichen Star und von nun an auch zu einem Kassenmagneten.

Dies versuchten die Produzenten von *Blade Runner* (1981) zu nutzen, und Harrison Ford wollte mit seiner Beteiligung ein Zeichen setzen. Er wollte weg vom Image des Darstellers in

Ford in einer weiteren Lucasfilm-Produktion: ›Indiana Jones und der Tempel des Todes‹.

leichtgewichtigen Actionfilmen und sich für komplexere Rollen qualifizieren. Dies hielt er dringend nowendig, denn seine Rückkehr in das *Star Wars*-Universum stand kurz bevor.

Mit *Indiana Jones und der Tempel des Todes* wurde Ford endgültig zum international gefeierten Star. Er war einer der meistbegehrten Hauptdarsteller Hollywoods. Und mit seiner Leistung in Peter Weirs *Witness* zog Ford sogar noch die Kritiker auf seine Seite. Der Rest von Fords Karriere klingt wie eine Aufzählung einiger der erfolgreichsten Filme Hollywoods. Dennoch war Ende der achtziger Jahre nicht sicher, ob Harrison Ford auch ein Star für die Neunziger sein würde. So manchem Star der achtziger Jahre wie Michael J. Fox oder Eddie Murphy ist der Sprung in das neunte Jahrzehnt böse mißglückt. Sie haben die Gunst ihrer Zuschauer verloren. Nach dem künstlerischen und finanziellen Mißerfolg von *In Sachen Henry* wurde diese Frage auch für Harrison Ford akut, und in Hollywood können Gerüchte tödlich sein. Als Ford davon erfuhr, reagierte er sofort. In Rollen wie *Regarding Henry* wurde er offensichtlich von seinem Publikum nicht akzeptiert. Ein für Ford typischer Film mußte her. So ging in Hollywood das Wort herum, daß Ford einen Actionfilm machen wollte und daß er ihn *jetzt* machen wollte.

Der Boß von Paramount reagierte am schnellsten. Paramount hatte den Action-Thriller *Patriot Games* in Vorbereitung, die Fortsetzung von *Hunt for Red October*. Alec Baldwin, der im ersten Teil die Rolle des CIA-Agenten Rian gespielt hatte, wurde gefeuert. Ford, der Urlaub auf seiner Ranch machte, wurde die Rolle telefonisch angeboten. Der Part war perfekt, genau was Harrison suchte, und er nahm an. Das Publikum vergab Ford seinen Ausrutscher in *Regarding Henry* und machte *Die Stunde der Patrioten* zu einem internationalen Kassenschlager. Harrison festigte seine Position als Action-Star in Filmen wie *Auf der Flucht* und dem dritten Teil der CIA-Reihe, *Das Kartell*.

Filme

1966	Dead Heat on a Merry-Go-Round/Immer wenn er Dollars roch
1967	Luv/Versuch's doch mal mit meiner Frau
1968	A Time for Killing
1968	Journey to Shiloh
1970	Zabriskie Point
1970	Getting Straight
1970	The Intruders (TV-Film)
1973	American Graffiti
1974	The Conversation/Der Dialog
1976	James A. Micheners »Dynasty« (TV-Film)
1977	The Possessed (TV-Film)
1977	Star Wars/Krieg der Sterne
1977	Heroes/Helden von heute
1978	Force Ten from Navarone/Der wilde Haufen von Navarone

1979	The Frisco Kid/Ein Rabbi im Wilden Westen
1979	Hanover Street
1979	More American Graffiti
1979	Apocalypse Now
1980	The Empire Strikes Back/Das Imperium schlägt zurück
1981	Raiders of the Lost Ark/Jäger des verlorenen Schatzes
1981	Great Movie Stunts: Raiders of the Lost Ark (TV-Special)
1982	Blade Runner
1983	Return of the Jedi/Die Rückkehr der Jedi-Ritter
1984	Indiana Jones and the Temple of Doom/Indiana Jones und der Tempel des Todes
1985	Witness/Der einzige Zeuge
1986	Mosquito Coast
1988	Working Girl/Die Waffen der Frauen
1989	Premiere: Inside the Summer Blockbusters (TV-Special)
1990	Presumed Innocent/Aus Mangel an Beweisen
1991	L'Envers du Decors: Portrait de Pierre Guffroy
1991	Regarding Henry/In Sachen Henry
1992	Hollywood Hotshots (TV-Special)
1992	Fox/MTV Guide to Summer '92 (TV-Special)
1992	Patriot Games/Die Stunde der Patrioten
1993	George Lucas: Heroes, Myths and Magic (TV-Special)
1993	Earth and the American Dream (TV-Special)
1993	The Fugitive/Auf der Flucht
1994	Clear and Present Danger/Das Kartell
1995	Sabrina

Carrie Fisher

Carrie Fisher wuchs in Beverly Hills und auf dem Studiogelände von MGM auf. Sie sah, wie ihre Mutter in den Schlamm fiel, abgespritzt wurde, in einer Limousine nach Hause geschickt und dafür bezahlt wurde. Carrie dachte, diese Art von Leben könnte ihr auch gefallen. Eine Karriere im Showbusineß war für die Tochter von Eddie Fisher und Debbie Reynolds fast schon vorprogrammiert.

Ihre Mutter, die sich durch viele MGM-Filme der vierziger und fünfziger Jahre getanzt und gesungen hatte, verbringt auch heute noch viele Monate auf Tournee. Viele der jungen Besucher kennen sie nur über ihre Tochter und deren Verbindung zu *Star Wars*. Debbie Fisher unterschreibt ihre Autogramme mit *Prinzessin Leias Mutter,* und die Fans lieben es.

Carrie kannte ihre Mutter als Kind nur als Filmstar und nicht als eine normale Frau. Sie dachte, ihre Mutter sänge nur im Kino, und sie war völlig schockiert, als sie es auch im Auto tat. »Ich dachte, daß Singen etwas wäre, das sie nur für andere Leute täte, für ihren Beruf – nicht für mich, nur weil sie sich gut fühlte«, erinnert sich Fisher.

Die Filme von Laurel & Hardy und den Marx Brothers begeisterten sie. *Way Out West* und *A Night at the Opera* schaute sie sich zusammen mit Freunden immer wieder an.

Mit 15 wurde Carrie von der Royal Academy of Dramatic Art in London abgelehnt. Danach spielte sie ein Jahr im Chorus des Broadway-Musicals *Irene* (mit ihrer Mutter Debbie Reynolds als Star), gab eine vielversprechende Darstellung als ein tennisspielender Teenager in *Shampoo* und studierte zwei Jahre auf der Central School of Speech and Drama.

Dort erlebte sie zum erstenmal so etwas wie eine Kindheit, eine Familie. Sie fühlte sich mit ihren Kommilitonen enger verbunden als mit dem von den Verrücktheiten des Showbusineß beherrschten Elternhaus.

Sie war gerade 19, als sie die Rolle der Prinzessin Leia Organa in *Star Wars* erhielt. George Lucas hatte ungefähr 400

Mädchen interviewt und mit 50 Probeaufnahmen gemacht. Es war ihre unbeugsame Persönlichkeit, die George Lucas auffiel. »Er sagte, daß er uns engagierte, da wir alle *Larger than life*-Persönlichkeiten hätten. Und er hatte recht«, sagt Fisher.

Carrie Fisher

Drei Showbusineß-Anfänger (Carrie Fisher, Harrison Ford und Mark Hamill) zusammenzubringen und deren Persönlichkeiten mit denen der Charaktere aus dem Drehbuch verschmelzen zu lassen, war ein Meisterstück von Lucas. Doch zu der Zeit dachte Fisher, daß Lucas' Besetzung ungewöhnlich war: »Ich glaube, ich war am seltsamsten. Wir haben immer darüber gesprochen, daß das sehr jüngerisch ist. Harrison war der Gauner und Mark die Unschuld. Ich war aber kein Frauchen in Schwierigkeiten. Ich brachte das Frauchen in Schwierigkeiten.«

Für die damals 19jährige Fisher war ihre Besetzung eine Überraschung. Ihre einzige andere Filmerfahrung war eine kleine Rolle in *Shampoo,* das heißt, ihre schauspielerischen Fähigkeiten mußten erst getestet werden. Fisher erinnert sich noch an ihr erstes Vorsprechen bei Lucas. »Ich ging rein und hatte ein Interview. Er interviewte zusammen mit Brian De Palma. Da Lucas nicht gern spricht, führte De Palma das Interview. Ich glaube, als ich George traf, sagte ich ›Hallo‹, dann sprach Brian mit mir, und ich ging wieder. Man rief mich zurück. Ich hatte das Gefühl, nicht viel Eindruck auf ihn gemacht zu haben.« Lucas aber war beeindruckt genug, ihr die Rolle zu geben, und ihre Schauspielkarriere begann.

Fisher blieben einige Selbstzweifel, obwohl sie die Rolle bekommen hatte. Ihre Zweifel manifestierten sich in der ihr eigenen außergewöhnlichen Art, sich durch Humor selbst herabzusetzen. Sie sagt: »Sie begannen an mir diese verschiedenen schrecklichen Frisuren auszuprobieren, und ich dachte, sie hätten einen Fehler gemacht, da im Drehbuch beschrieben wurde, wie hübsch die Prinzessin ist. Ich bin viele Dinge, aber so habe ich mich nie betrachtet.« Während der Dreharbeiten war Fisher oft eingeschüchtert, aber heute schaut sie mit Befriedigung zurück. »Ich war das einzige Mädchen in dieser Art Phantasiewelt eines Jungen. Das machte Spaß, es machte eine Menge Spaß.«

Nicht soviel Spaß machten einige Ereignisse, die der *Star Wars*-Trilogie folgten. Wenn Prinzessin Leia mit einer miesen

Carrie als wehrhafte Prinzessin.

Frisur zu kämpfen hatte, kämpfte sich Carrie Fisher durch mehrere miese Lebenslagen im letzten Jahrzehnt. An einem Punkt schienen Drogen einen Ausweg zu bieten – ein Rückzug aus dem Scheinwerferlicht Hollywoods, mit dem sie sich ihr ganzes Leben auseinanderzusetzen hatte. Eine Überdosis brachte sie ins Krankenhaus, und man gab ihr ein Erste-Klas-

Leia und C-3PO.

se-Ticket für den Drogenentzug. Nicht einmal Hollywood hätte einen besseren Wendepunkt im Leben eines Charakters erfinden können.

Nachdem ein Redakteur ein Interview mit Fisher im *Esquire* über ihr Leben in Hollywood gelesen hatte, fragte er sie, ob sie nicht ein Buch mit Essays schreiben wolle. Aus diesem Anstoß entstand *Postcards from the Edge,* publiziert 1987. Dieser bissige Roman beschreibt den Kampf einer Schauspielerin mit Drogen und Hollywood. Er wurde ein *New York Times*-Bestseller. Plötzlich öffnete sich für Fisher eine neue Karriere in der Verlagsbranche. Das Schreiben wurde zum Drogenersatz. Carries zweiter Roman, *Surrender the Pink,* kam 1990 heraus. Diesmal war die Protagonistin Fishers an einem Wendepunkt in ihrem Leben angelangt, nach dem Zerfall einer Beziehung.

Mit demselben Geist und derselben Determination, die sie in George Lucas' intergalaktische Heldin einbrachte, wurde Fisher Hollywoods Hip-Kommentatorin und Analytikerin. Dieser geistreiche Dynamo Carrie Fisher hat das letzte Jahrzehnt damit verbracht, ihre eigenen Dämonen zu zähmen und ihrem öffentlichen Privatleben Sinn zu geben, während sie gleichzeitig die Grenzen ihrer Karriere erweiterte.

Mit ihrer schnellfeuerartigen Schlagfertigkeit hat sie ihre Prüfungen und Verhandlungen (ein Kampf mit der Drogenabhängigkeit und eine in den Medien breitgetretenen Heirat/Scheidung mit Singer Paul Simon) in zwei Bestseller-Romane, *Postcards from the Edge* und *Surrender the Pink,* umgesetzt. Jedes Buch ist eine graphische Darstellung eines bizarren, aber immer unterhaltsamen Lebens einer jungen Frau (die eine verblüffende Ähnlichkeit mit Miß Fisher hat), die ihre Besessenheiten auf ihrem Weg zur Selbstentdeckung meistert.

Tatsächlich sagt Fisher von sich selbst: »Wenn meine Mutter das Mädchen von nebenan ist, bin ich das vom Block im *Stalag 17.* Da ist etwas entschieden Merkwürdiges an mir ... ich bin beherrschend und ein wenig verrückt, und ich benutze Sprache in seltsamer Weise.«

In den Jahren, seit das *Star Wars*-Phänomen die Zuschauer ergriff, hat Fisher geschickt ihre kraftvolle, exzentrische Persönlichkeit und blitzschnelle geistige Gewandtheit auf die Leinwand und auf die leere Seite geleitet, um ihr persönliches Zeichen in der Unterhaltungsindustrie zu hinterlassen. Als Schauspielerin erschien sie in *Blues Brothers, Hannah und ih-*

re *Schwestern, Harry und Sally* sowie, obwohl weniger bemerkenswert, in *Under the Rainbow, Soap Dish* und *This Is My Life.*

In den letzten Jahren verlegte sie sich aber immer mehr aufs Schreiben. Zusätzlich zu ihren beiden Romanen schrieb sie an dem Drehbuch zu *Postcards from the Edge,* das mit Meryl Streep und Shirley MacLaine verfilmt wurde, schrieb zusammen mit George Lucas eine Episode der *Young Indiana Jones Chronicles* und bekam in Hollywood die Reputation als ein guter Drehbuchdoktor. (Sie hat Hausbesuche gemacht, um die Dialoge in einigen Filmen, wie *Hook* oder *Sister Act,* zu verbessern.)

Fisher hat kürzlich einen dritten Teil zu ihrer Sammlung pseudofiktiver Romane hinzugefügt. In *Delusions of Grandma* benutzt Fisher wieder ihr eigenes Leben als Hintergrund für eine Geschichte – eine Hollywood-Drehbuchautorin beendet ihre Beziehung, erkennt, daß sie schwanger ist, pflegt einen Freund, der an AIDS stirbt, und rettet ihre senile Großmutter aus einem Pflegeheim. (Es ist oft schwer zu sagen, wo Fishers Leben aufhört und das ihrer Protagonistin beginnt.)

Carrie Fisher arbeitet derzeit an einem Drehbuch von *Surrender the Pink.*

Obwohl Fisher eine Hauptrolle in einem der populärsten Filme aller Zeiten spielte, fand sie mehr Erfolg hinter der Schreibmaschine als vor der Kamera. Sie hat es vielleicht damals nicht wahrgenommen, doch schon auf dem Set von *Star Wars* arbeitete ihr literarischer Geist. Sie erinnert sich an die Schwierigkeiten, die sie und andere Darsteller mit George Lucas' Dialogen hatten. Besonders Prinzessin Leias Dialog war sehr steif. »Einige meiner Dialoge kosteten uns eine Einstellung nach der anderen ... ›You'll never get that bucket of volts past that blockade‹; ›I have placed information vital to the survival of the Rebellion into the memory systems of this R2 unit.‹«

Fisher fügt hinzu: »Wir gingen zu George und sagten, daß er es wohl tippen könne, aber sprechen kann das niemand!«

Fisher hatte ihre eigenen Vorstellungen, wie Prinzessin Leia sprechen sollte, aber Lucas weigerte sich, ihre Vorstellungen umzusetzen. Trotz der unterschiedlichen Meinungen erkannte Fisher, daß Lucas mit *Star Wars* etwas Besonderes geschaffen hatte.

»Ich dachte, es war ein brillantes, brillantes Drehbuch. Ich wollte mit allen Charakteren aus dem Buch am liebsten Essen gehen«, sagt Fisher. Während der Dreharbeiten empfand es Carrie als sehr schwierig, Szenen zu spielen, die noch keine Spezialeffekte enthielten. Sie mußte ihre Vorstellungskraft benutzen, doch es blieb schwierig. »Man schaut sehr bewegt zu, wie sein Heimatplanet in die Luft fliegt, und tatsächlich steht da ein Typ vor dir, der einen Karton mit einem Kreis drauf hält.«

Carrie mußte ebenfalls Lucas' Vorliebe zum Detail überstehen. »George leitete mich als Regisseur, als wäre ich eine Puppe. Er verlangte buchstäblich von mir, daß ich meinen Kopf drehen soll! Es war unglaublich. Er war anscheinend so gewöhnt daran, mit animierten Yodas zu arbeiten, oder was auch immer ... Ich schrie ihn deswegen an. Er fand das nur komisch.« Fishers Arbeit mit Lucas endete nicht mit *Return of the Jedi*.

Er holte sie zu sich, um ihm beim Drehbuch zu der Episode der *Young Indiana Jones Chronicles*, in der Indy seine Unschuld bei Mata Hari verliert, zu unterstützen. »Er fragte mich, ob ich nicht eine Episode schreiben wolle, und das war ganz schön ärgerlich, aber auch sehr, sehr lustig. Wir schrien einander an, diskutierten lange Zeit über die Liebesszenen. Wir konnten nicht unterschiedlicherer Meinung sein, wenn es um Liebesszenen ging. Ich meine Stunden, wirklich Stunden wie ›Warum würdest du das nicht sagen!? Ich spreche so‹«, sagte er zu mir. Ich kann's nicht glauben!«

Und wer gewann diese Dialog-Schlacht?

»Er hat gewonnen. Er hat mich beim Drehbuch gewinnen lassen, hat aber dann beim Drehen alles wieder geändert. Ich drehte durch!«

Filme

1975 Shampoo
1977 Star Wars/Krieg der Sterne
1977 Come Back, Little Sheba (TV-Film)
1978 Leave Yesterday Behind (TV-Film)
1978 Ringo (TV-Film)
1979 Mr. Mike's Mondo Video
1980 The Empire Strikes Back/Das Imperium schlägt zurück
1980 The Blues Brothers/Blues Brothers
1981 Under the Rainbow/Geheimauftrag Hollywood
1983 Return of the Jedi/Die Rückkehr der Jedi-Ritter
1983 Classic Creatures: Return of the Jedi (TV-Special)
1984 Garbo Talks/Die Göttliche
1985 Happily Ever After (TV-Special)
1985 George Burns Comedy Week (TV-Serie)
1985 The Man With One Red Shoe/Der Verrückte mit dem Geigenkasten
1986 From Here to Maternity (TV-Special)
1986 Hollywood Vice Squad/Hollywood Cop
1986 Sunday Drive (TV-Film)
1986 Liberty (TV-Film)
1986 Hannah and Her Sisters/Hannah und ihre Schwestern
1987 Paul Reiser: Out on a Whim (TV-Special)
1987 Time Guardian
1987 Amazon Women on the Moon/Amazonen auf dem Mond oder warum die Amis den Kanal voll haben
1988 Appointment With Death/Rendezvous mit einer Leiche
1989 The 61st Annual Academy Awards Presentation (TV-Special)
1989 Two Daddies (TV-Special)
1989 Loverboy
1989 When Harry Met Sally/Harry und Sally
1989 Hunger Chic (TV-Special)

1989	The Burbs/Meine teuflischen Nachbarn
1989	She's Back/Zurück aus dem Jenseits
1990	Postcards from the Edge/Grüße aus Hollywood (Drehbuch nach ihrem Roman)
1990	Sweet Revenge (90) (TV-Film)
1990	Sibling Rivalry/Eine fast anständige Frau
1991	Red, Hot & Blue (TV-Special)
1991	Debbie Reynolds' Movie Memories (TV-Serie)
1991	The Movie Awards (TV-Special)
1991	Drop Dead Fred/Mein böser Freund Fred
1991	Soap Dish/Lieblingsfeinde – Eine Seifenoper
1992	This Is My Life/Showtime – Hilfe, meine Mutter ist ein Star
1992	Sister Act (Dialoge im Drehbuch überarbeitet, ohne Credit)
1993	George Lucas: Heroes, Myths and Magic (TV-Special)

John Williams

»The Sound of *Star Wars*«

Die Art der Musik beeinflußt die Bilder, die wir sehen. Ganz einfach. Wenn man fröhliche Musik hört, dann erscheint selbst das traurigste Bild etwas aufmunternder. Wenn man traurige Musik hört, dann erhält selbst die schönste Aussicht einen negativen Aspekt.

Die Kunst der Filmmusik ist sicherlich gleich nach dem Drehbuchschreiben der meistunterschätzte Aspekt beim Herstellen eines Films.

Egal welche Bilder der Kameramann eingefangen oder wie sie der Cutter aneinandergefügt hat, die Musik, die man unter diese Bilder legt, wird dominieren, wird die Stimmung des Films bestimmen.

Nach einigen Irrungen und Experimentalphasen fand Hollywood in den siebziger Jahren durch die Musik von Komponisten wie John Williams zum klassischen, traditionellen Soundtrack eines Wolfgang Korngold, Max Steiner, Franz Waxman, Bernard Herrmann und Nikolas Rozsa zurück.

Richard Wagner hatte auf Williams, wie auf die meisten Filmkomponisten, einen großen Einfluß. Das Genie des 19. Jahrhunderts erfand das Konzept des Leitmotivs. Ein Leitmotiv ist die musikalische Unterschrift eines Charakters, die in den verschiedensten orchestrierten Formen hier und da im Film auftauchen kann, um die Bedeutung des Charakters in einer Szene zu unterstreichen oder eine Emotion beim Zuschauer zu provozieren.

In der Musik für die *Star Wars*-Trilogie hat John Williams das ideale Vehikel für dieses wagnerianische Konzept gefunden, denn war die *Star Wars*-Trilogie nicht eine Art *Ring* des 20. Jahrhunderts? Nicht umsonst wurde *Star Wars* als eine *Space Opera* (Weltraumoper) beschrieben. Ob Lucas bewußt bei Wagners *Ring* Anleihen genommen hat oder aus zweiter

Hand – durch Bücher wie Joseph Campbells *The Hero of a Thousand Faces* – darauf aufmerksam wurde, der Effekt blieb derselbe.

Man kann darüber diskutieren, inwieweit Lucas in Wagners Schuld steht oder nicht, doch bei Williams ist es nicht zu übersehen. Da besteht ja schon die thematische Verbindung zwischen dem *Ring* und *Star Wars*. Die Musik von Williams besitzt vielleicht nicht die tiefere Bedeutung wie die Wagners, doch *Star Wars* ist sowieso keine wörtlich zu nehmende Kopie des *Rings*, sondern mehr eine populäre Interpretation.

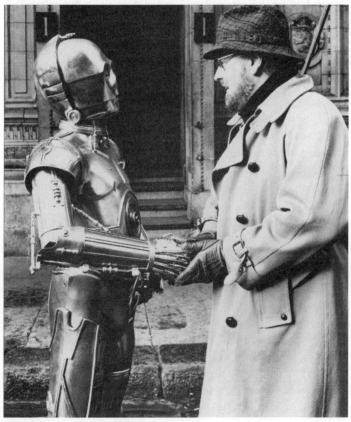

John Williams mit C-3PO.

Wie Wagner gab Williams allen Hauptcharakteren und Emotionen eine musikalische Signatur: donnernde, brütende Märsche für Darth Vader und »die dunkle Seite der Macht«, schmachtende Streicher für die Unschuldigkeit Luke Skywalkers und die endlose Leere des Raums, ein mysteriöser, nostalgischer Klang für Obi-Wan Kenobi, eine mystische Melodie für Yoda und ein überragendes triumphales *Star Wars*-Thema, das alles umgab.

Williams fand, da *Star Wars* visuell so ungewöhnlich war und den Zuschauer mit neuen Welten, neuen Kreaturen und neuen Klängen konfrontierte, sollte die Musik auf einer vertrauten emotionalen Ebene ablaufen. Er wollte keine elektronische, SF-artige Musik, sondern einen den visuellen Elementen widersprechenden Stil. Romantische, symphonische Musik des 19. Jahrhunderts gegen den High-Tech-Look der Zukunft.

Williams ist ein sehr disziplinierter Arbeiter. Er sucht nicht auf langen Spaziergängen nach Inspiration, sondern am Klavier. Er sitzt dort oft stundenlang, ohne etwas zu tun. Er wählt sich zuvor einen bestimmten Charakter oder eine Situation aus und geht dann im Geist unzählige kleine Motive durch, die meist aus nicht mehr als drei bis vier Tönen bestehen. Hat Williams einmal seine Hauptthemen gefunden, setzt er sich in den Vorführraum, wo er sich den ersten Schnitt des Films anschaut, um den Rhythmus für die Handlung zu bekommen. Und das mehrere Male täglich, eine ganze Woche lang. Dabei erstellt er auch einen genauen Zeitplan, denn seine Stücke müssen ja später auf die Sekunde genau dem Film angepaßt werden.

Auf dem Klavier komponiert er nun die »Restmusik« und notiert diese auf Sketch-Scores, kleinen vierzeiligen Partituren, die die wichtigsten Orchesterstimmen beinhalten.

Herbert W. Spencer, ein Orchestrator, schreibt dann zumeist die Sketch-Scores für eine gesamte Orchesterbesetzung um. Auch die Arbeit eines Filmkomponisten steht unter enormem Zeitdruck, so daß Williams meist die Orchestrierung einer

Vertrauensperson überlassen muß. Diese Orchestratoren sind die unbesungenen Helden des Soundtracks, denn nur selten finden sie in den Credits Erwähnung.

John Williams, der eine klassische Ausbildung genossen hatte, begann seine Karriere als Filmkomponist beim Fernsehen mit Sendungen wie *Playhouse 90, Craft Theater* und *Alcola Theater.*

Sein Durchbruch kam mit seinem ersten Oscar für die musikalische Adaption von *Fiddler on the Roof/Anatevka* (1971). Weiter ging es mit *Sugarland Express,* der ersten Zusammenarbeit mit Steven Spielberg, die für beide richtungsweisend werden sollte. 1975 erhielt er seinen zweiten Oscar für Spielbergs *Jaws/Der weiße Hai.* Er untermalte musikalisch die großen Katastrophenfilme der Siebziger, *Towering Inferno/Flammendes Inferno* und *Earthquake/Erdbeben.* In demselben Jahr, als er seinen Oscar für *Star Wars* erhielt, bekam er eine zweite Nominierung für Spielbergs *Close Encounters of the Third Kind/Unheimliche Begegnungen der dritten Art. The Empire Strikes Back* (1980) und *Return of the Jedi* (1983) brachten Williams zwei weitere Oscar-Nominierungen ein. Er überarbeitete für die Trilogie alte Themen aus *Star Wars,* entwickelte neue dazu und machte die *Star Wars*-Trilogie damit zu einer der musikalisch interessantesten Serien in der amerikanischen Filmgeschichte.

Williams, der einer der gefragtesten Filmkomponisten in der Welt ist, hat 1980 den Taktstock der Boston Pops akzeptiert. Die Zusammenarbeit mit Lucas und Spielberg ging weiter mit Projekten wie der *Indiana Jones*-Trilogie (*Raiders of the Lost Ark*/1981), *E. T. the Extra-Terrestrial* (Oscar-Gewinner 1982), *Jurassic Park* (1993), *Schindlers Liste* (1994). Eine komplette Filmographie der Soundtracks von John Williams und ein Gespräch mit ihm finden sich in dem Buch *Filmmusik* von Tony Thomas (Heyne Verlag, 1995).

Industrial Light & Magic

Renaissance der Spezialeffekte

1975 zog eine neue Firma in ein Industriegebäude gegenüber des Van-Nuys-Flughafens. Der Laden wurde von John Dykstra geführt, einem zwei Meter großen, langhaarigen, bärtigen jungen Mann. Filmemacher George Lucas hatte Dykstra beauftragt, die visuellen Spezialeffekte für eine Filmproduktion namens *Star Wars* zu schaffen.

Die Idee des Films lag in Form eines frühen Drehbuchentwurfs von Lucas und der Produktionsgemälde von Ralph McQuarrie vor. Ein ganzes Universum wartete darauf, in die Welt gerufen zu werden. Die neue Special-Effects-Unternehmung, die dabei helfen sollte, wurde von George Lucas *Industrial Light & Magic* genannt.

In der goldenen Zeit Hollywoods unterhielten die Major Studios ihre eigenen Effekte-Abteilungen. Doch mit dem Tod des Studiosystems verschwanden auch die Spezialeffekte-Abteilungen. Als George Lucas *Star Wars* vorbereitete, gab es kein existierendes Effektestudio mehr, das so eine Aufgabe hätte bewältigen können. So mußte er sein eigenes Ministudio erschaffen, das die Arbeit erledigen konnte.

Industrial Light & Magic war nicht die traditionelle Hollywood-Institution. Es setzte sich aus jungen Technikern zusammen, von denen nur wenige über 30 Jahre alt waren, einige sogar unter 20. Der Trickfilmzeichner Peter Kuran war noch in der Schule, als er das Angebot bekam, für ILM zu arbeiten. Die Türen bei ILM waren 24 Stunden am Tag geöffnet. Die Techniker und Künstler arbeiteten ohne geregelte Arbeitszeit oder andere Reglementierungen. Sie waren Kinder der Sechziger, die sich gegen jegliche Autorität auflehnten. Die Gruppe wurde von ihrem Enthusiasmus zusammengehalten, sie hatte das Gefühl, an etwas Bedeutendem mitzuarbeiten.

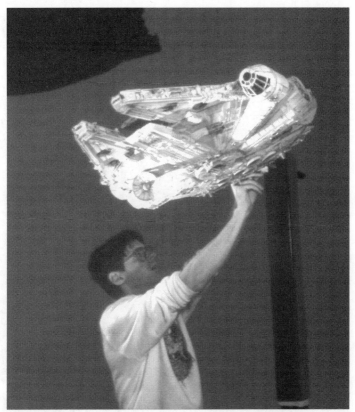

Ein Mitarbeiter von ILM montiert ein Modell des Falken vor einer Bluescreen.

Für Außenseiter war die Atmosphäre bei ILM etwas zu entspannt. Ab und zu schauten Executives der 20th Century-Fox vorbei, um zu sehen, wie das ungeliebte Projekt voranging, für das das Studio zahlte. Eines heißen Sommertages hatten alle das mit keiner Aircondition ausgestattete Gebäude verlassen, um sich auf einer Wasserrutsche auf dem Hof abzukühlen. Sogar Jim Nelson, der Leiter von ILM, wurde überredet, sein Hemd auszuziehen und es einmal zu versuchen. Gerade als er auf dem Wasser aufschlug, fuhr eine Ladung von Fox-Executives auf den Hof. Innerhalb von eineinhalb Jahren hat die ir-

Der Falke wird durch ein Asteroidenfeld gejagt.

reguläre Gruppe jedoch ein Gebäude umgebaut und neu eingerichtet, Kameraausrüstungen entworfen und die Spezialeffekte für einen Film erstellt, der die Zuschauer in der ganzen Welt erstaunte.

Als die *Star Wars*-Effekte fertig waren, zerstreute sich die erschöpfte ILM-Belegschaft über die ganze Welt, um sich zu erholen. Man reiste einfach ab, ohne aufzuräumen, alles blieb so liegen, wie es am letzten Arbeitstag ausgesehen hatte. Die Lichter wurden ausgemacht, die Türen abgeschlossen, alle sagten einander Lebewohl. Alle waren davon überzeugt, daß *Star Wars* ein guter Film werden würde, aber niemand hatte auch nur eine Vorstellung, was es für ein Erfolg sein sollte. Es standen keine neuen Projekte an, für die es sich lohnen würde, zurückzukommen. Es sah wie das Ende für ILM aus.

Mit dem Erfolg von *Star Wars* entschied sich George Lucas, die nächste Episode zu inszenieren: *The Empire Strikes Back*. ILM zog in ein neues Gebäude in Nordkalifornien um, in der Nähe von Lucas' Zuhause. 1978 wurden die wichtigsten Mitarbeiter nach San Rafael eingeladen, um dem neuen ILM beizutreten. Leute wie Ralph McQuarrie, Joe Johnston, Richard Edlund und Dennis Murren. John Dykstra jedoch, der Gründer von ILM, blieb im alten Gebäude in Van Nuys und formte seine eigene Firma, Apogee.

John Dykstra

John Dykstra verdiente sich seine College-Ausbildung als Photograph. Nach seinem Abschluß arbeitete er an mehreren Projekten, darunter an Douglas Trumbulls *Silent Running/ Lautlos im Weltraum* (1971) und *The Voyage to the Outer Planets,* einem Wissenschaftsfilm im übergroßen Omnimax-Format.

1973 nahm er einen Job beim Institut für Städteentwicklung in Berkeley an, das eng mit der Universität von Kalifornien zusammenarbeitete. Dykstra fand sich in einer Gruppe wieder, die herausfinden sollte, ob man Miniaturen von städtebaulichen Maßnahmen auf Film realistisch erscheinen lassen könne. Die Tests wurden auf 16-mm-Film gedreht, mit einer Schnorchellinse, die man durch die kleinen Straßenfluchten der Modelle gleiten ließ. Die Gruppe experimentierte bald mit primitiven Computern. Sie suchte nach einem technischen Weg, die Kamera durch einen Computer zu steuern, um so die exakten Bewegungen der Kamera beliebig oft wiederholen zu können.

Die Gruppe war sich damals über die Bedeutung ihrer Arbeit überhaupt nicht im klaren. Das Projekt war für rein wissenschaftliche Zwecke gedacht.

Nachdem das Projekt 1975 gestrichen worden war, ging Dykstra nach Los Angeles, um dort in einem Special-Effects-Studio Arbeit zu finden. Dykstra kannte Douglas Trumbull von der Arbeit an *Silent Running* und mochte ihn auch persönlich. Er hing in dessen Studio herum, auch wenn es keine Arbeit gab.

Dort traf Dykstra auf George Lucas, der nach Spezialeffekte-Spezialisten suchte für einen Film namens *Star Wars*. Trumbull und Lucas schienen nicht miteinander auszukommen. Der junge Regisseur hatte wirre Ideen von schnell fliegenden Raumschiffen, aufgenommen im Stil von Luftkämpfen im Zweiten Weltkrieg. Die erfahrenen Effektespezialisten nahmen Lucas einfach nicht ernst. Sie glaubten, so etwas darzustellen wäre unmöglich. Die raschen Bewegungen der Raumschiffe würden häßliche Schlieren auf dem Film hinterlassen. Dykstra war anderer Meinung. Er erzählte Lucas von seiner Arbeit mit computergesteuerten Kameras in Berkeley und bot Lucas seine Dienste an. Lucas und Gary Kurtz nahmen ihn sofort unter Vertrag.

Lucas wollte für *Star Wars* ein eigenes Special-Effects-Studio und gründete dafür *Industrial Light & Magic*. Doch das Studio hatte zunächst kein Dach über dem Kopf, keine Kameraausrüstung und keine Raumschiffmodelle, die man hätte verwenden können.

Gary Kurtz mietete eine alte Fabrikhalle in Van Nuys, am

Rande von Los Angeles. Dykstra engagierte viele seiner alten Kumpels aus den Berkeley-Tagen und aus seiner Studienzeit. Dazu kamen viele junge Studenten, die gerade frisch die Kunstschule hinter sich gebracht hatten, sowie Kameraleute und Modellbauer, die alle zum erstenmal an einem Kinofilm arbeiten sollten.

Die Erfahrungen aus Berkeley konnten nun eine praktische Anwendung finden. Der einzige Weg, die Art von Modellbewegungen, die sich George Lucas vorstellte, auf Film zu bannen, war die Computersteuerung, wie sie in Berkeley entwickelt worden war.

Normalerweise benutzte man in der Spezialeffekte-Gemeinschaft für optische Effekte 65-mm-Filmmaterial und das dazugehörende Kameragerät.

In der Regel wird ein Film auf 35-mm-Material gedreht. Doch bei optischen Effekten zieht man das größere Format vor, da es eine höhere Auflösung besitzt. Doch dieses Filmmaterial war teuer, und es gab nur wenige Kameras. Es handelte sich um ein experimentelles System aus den fünfziger Jahren. Dykstra wußte aber von einem 70-mm-Kamerasystem, das in den Kellern der Paramount Studios vor sich hin staubte und zuletzt für Cecil B. DeMills *The Ten Commandments/Die Zehn Gebote* benutzt worden war: Vistavision.

Das junge Team schnappte sich die Ausrüstung für einen Appel und ein Ei und kaufte alles noch in Hollywood verfügbare Vistavision-Material auf. Nach dem Start von *Star Wars* explodierten die Preise für Vistavision- Kameraausrüstungen.

Ein Teil des Erfolgs von *Star Wars* verdankt George Lucas sicherlich John Dykstra. Daß ILM oft nicht einfach an den Problemen von *Star Wars* verzweifelte und die Flinte ins Korn warf, liegt zum größten Teil an Dykstras dynamischer Persönlichkeit. Während der Produktion von *Star Wars* war er ständig in den Gängen von ILM unterwegs, gab Anweisungen, verteilte Lob, machte Witze.

Er entdeckte sofort einen Mitarbeiter, der einen schlechten Tag hinter sich hatte, legte seinen Arm um dessen Schultern,

Ein Motion-Control-Shot von ILM.

führte ihn nach draußen und heiterte ihn wieder auf. Seine Mitarbeiter fühlten sich ihm zutiefst verpflichtet.

Nach der Fertigstellung von *Star Wars* dachte keiner aus der ILM-Crew daran, daß der Film ein Welterfolg werden und sein Leben verändern würde. Alle bereiteten sich darauf vor, neue Jobs zu suchen.

Der Erfolg von *Star Wars* machte aus Dykstra über Nacht einen der gefragtesten Experten für Spezialeffekte in Hollywood. Er gründete seine eigene Firma, genannt Apogee, die auch heute noch aus der alten Fabrikhalle in Van Nuys heraus operiert.

Richard Edlund

Die meisten Veteranen von ILM haben eine interessante Geschichte, wie sie in dem seltsamen Geschäft der Spezialeffekte gelandet sind. Edlunds Geschichte ist wohl die einfachste, aber auch zugleich farbigste. Er bekam seinen ersten Job im Filmgeschäft durch eine Empfehlung des Arbeitsamts. Er hatte zuvor keine Verbindungen zur Filmindustrie, glaubte aber etwas zu bieten zu haben. Er schrieb eine Bewerbung an das California Office of Human Resources in Hollywood. Joe Westheimer, der damals ein Studio leitete, das Titel und Spezialeffekte für Film und Fernsehen produzierte, las Richards Bewerbung und gab ihm seinen ersten Job im Filmgeschäft.

Schon in der High School hatte Edlund immer eine Kamera bei sich. Er nahm Bilder für das High-School-Jahrbuch auf und publizierte auch einige Photos im *Los Angeles Examiner*. Er wollte eines Tages Photojournalist werden.

Nach seinem High-School-Abschluß ging er zur Marine, wo er eine weitere Ausbildung im Photographieren erhielt. Er lernte auch einiges über Kamerareparaturen. Er war von Kameras fasziniert.

Die Marine stationierte den jungen GI in Japan, wo er in seiner Freizeit Japanisch studierte. Jahre später konnte er bei ILM japanische Gäste in ihrer Heimatsprache begrüßen.

In Japan interessierte er sich immer mehr fürs Kino und entschied sich, nach seiner Rückkehr Film zu studieren. Obwohl seine Noten nicht besonders waren, wurde er in das Filmprogramm der University of Southern California aufgenommen. Nach zweieinhalb Jahren versuchte er einen Job in Hollywood zu bekommen. Glücklicherweise fand Joe Westheimer seine Bewerbung beim Arbeitsamt. In Westheimers Studio wurde er für alles mögliche eingesetzt. Er zeichnete Titelkarten, reparierte elektronische Ausrüstungsgegenstände und drehte kleine Inserts für Filme.

Er blieb vier Jahre bei Westheimer und kündigte dann, um ein Rock'n'Roll-Photograph zu werden. Edlund hatte sich in eine Art Hippie verwandelt. Er zog nach San Francisco und versuchte sich mit Experimentalfilmen. Seinen Lebensunterhalt verdiente er als Touristenführer.

1974 kehrte er ins Filmgeschäft zurück. Er bekam einen Job bei Robert Abels Effektestudio, das sich auf kunstvolle Werbefilme spezialisiert hatte. Dort traf er auf John Dykstra, der mit dem Produzenten Gary Kurtz ein Projekt namens *Star Wars* diskutierte. Edlund war sofort Feuer und Flamme für den ambitionierten Film. Dykstra versprach ihm einen Job als Kameramann, falls das Projekt sich materialisieren würde.

Mit *Star Wars* wurde für Edlund ein Traum wahr. Mit allem mußte ganz von vorne begonnen werden. Ein Studio mußte aufgebaut werden, die Ausrüstung entworfen und gebaut werden, und die Mitglieder mußten lernen, mit dieser Ausrüstung umzugehen.

Edlund erinnert sich an seinen ersten Arbeitstag bei ILM: »Es war ein großes, leeres Industriegebäude. Es gab nur einen Tisch mit einem Telefon drauf, der in der Mitte der Halle stand.«

Ein Matte-Shot von ILM.

Die Herausforderung bestand zunächst darin, die technische Ausrüstung zu entwickeln, die für den Job gebraucht wurde. Edlund, der Kamerabegeisterte, wurde dabei zu einer Schlüsselfigur. Dykstra und er durchstreiften die Kamerashops Hollywoods auf der Suche nach »Trick-Einheiten«, wie Edlund sie nannte – Kameras, die sie für die Effekte bei *Star Wars* verwenden konnten.

Dann kamen die langen Monate der Herstellung der Effekte für *Star Wars*. Edlund liebte aber diese Periode seines Lebens. Er verwendete eine Hochgeschwindigkeitskamera im Vistavision-Format. Es war eine der handwerklich überlegenen Kameras aus den fünfziger Jahren. Später wurde die Kamera von einem unachtsamen Operator zerstört. Edlund spricht heute noch von dieser Kamera wie jemand, der einen teuren Freund verloren hat.

Während des einen Jahres zwischen *Star Wars* und *The Empire Strikes Back* arbeitete Edlund mit Dykstra an *Battlestar Galactica*. Dann erhielt er den Ruf, sich dem neuen ILM in Nordkalifornien anzuschließen. Es stand an, den neuen *Star Wars*-Film umzusetzen.

Wieder mußte ILM ganz neu aufgebaut werden. Edlunds Arbeit an *The Empire Strikes Back* sollte von der Academy mit einem Oscar belohnt werden.

Edlund wurde der Effects Supervisor von ILM, und unter seiner Regie entstanden die Effekte für Filme wie *Raiders of the Lost Ark, Poltergeist, Ghostbusters* und *2010*.

Ralph McQuarrie

George Lucas steckte 1974 in Schwierigkeiten. Die Universal Studios hatten sein Treatment für *Star Wars* abgelehnt, obwohl sie mit Lucas' *American Graffiti* ein kleines Vermögen verdienten. United Artists sagte ebenfalls nein. Es gab noch einen Funken Hoffnung, daß Alan Ladd von 20th Century-Fox Interesse zeigen würde. Aber Lucas hatte es schwer, sein Konzept verständlich zu machen. Es stützte sich stark auf

Eine frühe Skizze R2-D2s von Ralph McQuarrie.

visuelle Bilder, die sein Schreibstil aber nicht vermitteln konnte. Er brauchte etwas, das er vorzeigen konnte, ein paar Produktionsentwürfe. Zwei alte Studienkollegen, Hal Barwood und Matthew Robbins, stellten ihm Ralph McQuarrie vor, einen Illustrator. Lucas erklärte McQuarrie seine Idee und gab ihm eine frühe Version des Drehbuchs. McQuarrie wurde beauftragt, vier oder fünf Gemälde zu malen, basierend auf Lucas' Vorgaben.

Lucas wollte, daß die beiden Droiden in *Star Wars* ein Team

darstellen, aber dennoch unterschiedlich aussehen. Als Beispiel erhielt McQuarrie von Lucas ein Photo eines Roboters aus dem Stummfilmklassiker *Metropolis*.

Jedes Gemälde war circa 40 mal 20 Zentimeter groß, und wenn alle fünf in einer Reihe aufgestellt wurden, machten sie mächtig Eindruck.

Bei ihrem nächsten Treffen zeigte McQuarrie Lucas einige Skizzen von R2-D2 und Darth Vader, die er vorbereitet hatte. R2 bewegte sich nach McQuarrie auf einer großen Metallkugel fort. Lucas entschied, daß es besser drei Beine sein sollten, behielt aber ansonsten den »Mülleimerlook« des kleinen Droiden bei. Lucas wollte, daß auch die Maske Darth Vaders beibehalten werden sollte, die McQuarrie entworfen hatte. McQuarrie dachte, daß Vader eine Maske benötigen würde,

Ein Produktionsgemälde von McQuarrie.

wenn er sich zwischen Raumschiffen bewegte. Dies kümmerte Lucas nicht so sehr, schließlich war *Star Wars* mehr Fantasy als Science-fiction. Er mochte die Maske wegen ihres bedrohlichen Eindrucks. Mit den fünf Gemälden unterm Arm ging Lucas wieder zu Fox. Das Studio stand immer noch nicht voll hinter dem Projekt. Doch nun sollten die Arbeiten von McQuarrie dies ändern.

McQuarrie wurde in einer Kleinstadt in Montana während der Great Depression geboren. Sein Großvater hatte einen kleinen Verlag in der Stadt. Großvater und Mutter waren beide Maler. Mit zehn Jahren nahm Ralph Kunstunterricht. Sein Talent zeigte sich sofort.

1950 bekam er einen Job als Illustrator bei den Boeing-Flugzeugwerken in Seattle. Er war der jüngste in einer Gruppe von 50 Künstlern. Ein paar Jahre später wurde er eingezogen und nach Korea geschickt.

Die Erfahrungen des Korea-Krieges sollten sein Leben verändern. McQuarrie wurde in eine Kampfeinheit gesteckt. An der Front sah er seine Freunde um sich herum sterben. Bei einem chinesischen Angriff erlitt er eine schwere Kopfverletzung. Sein Überleben und der Tod seiner Freunde haben ihn danach lange verfolgt. Wieder in den Staaten, zog sich der nie besonders extrovertierte McQuarrie noch mehr in sich selbst zurück. Er arbeitete noch einige Jahre für Boeing und machte sich dann selbständig.

In den sechziger Jahren, im Zuge der Mondlandungen, malte McQuarrie viele Bilder für die NASA. Er wurde ein Experte in der Darstellung von Raumschiffen. Gerade das Richtige für jemanden wie George Lucas.

Nach Beendigung der Preproduction zu *Star Wars* wäre McQuarries Arbeit eigentlich beendet gewesen. Doch während Lucas in London drehte, malte Ralph in Los Angeles einige Matte Paintings für ILM. Er besuchte die Disney Studios, um zu sehen, wie es genau gemacht wird.

Obwohl McQuarrie sich für *Star Wars* begeistern konnte, glaubte er nicht daran, daß es mehr als ein durchschnittlich erfolgreicher Film werden würde. Science-fiction-Filme waren bis dahin nie die ganz großen Kassenrenner gewesen. Er nahm einen Auftrag in England an und verpaßte daher die ganze Aufregung in Amerika, als der Film startete.

Als er wieder in die USA kam, sah er in New York vor den Kinos riesige Menschenschlangen, und das an einem Wochentag am Nachmittag. Er überquerte die Straße, stellte sich mit an und ging ins Kino. Es war eine unglaubliche Erfahrung für ihn, wie seine Designs eine solche Reaktion bei den jungen Zuschauern hervorriefen.

Als die Preproductions zu *The Empire Strikes Back* und *Return of the Jedi* begannen, war McQuarrie wieder ein Teil des

ILM-Teams. Diesmal arbeitete er in den neuen Räumlichkeiten in Nordkalifornien. Er zeichnete unzählige Skizzen und malte viele Matte Paintings. Doch er hatte nicht mehr dieselbe Freude daran wie bei *Star Wars*. Er hatte das Gefühl, daß man zuviel von ihm erwartete, daß er sich übertreffen sollte. Doch aus solchem Druck kann keine Kunst entstehen. Für ihn war das Abenteuer vorbei.

Bibliographie

Arnold, Alan: *The Making of the Empire Strikes Back,* London, Sphere Books 1980

Attias, Diana: *The Empire Strikes Back Notebook,* New York, Ballantine 1980

Call, Deborah: *The Art of the Empire Strikes Back,* New York, Ballantine 1980

Cotta, Mark: *From Star Wars to Indiana Jones,* San Francisco, Chronicle 1994

Daley, Brian: *Star Wars Radio Drama,* New York, Del Rey 1994

Gerani, Gary: *Art of Star Wars Galaxy I,* New York, Topps Comics 1993

Gerani, Gary: *Art of Star Wars Galaxy II,* New York, Topps Comics 1994

Glut, Donald F.: *The Empire Strikes Back,* New York, Del Rey 1980

Johnston, Joe: *The Star Wars Sketchbook,* New York, Ballantine 1977

Johnston, Joe: *The Empire Strikes Back Sketchbook,* New York, Ballantine 1980

Johnston, Joe: *The Return of the Jedi Sketchbook,* New York, Ballantine 1983

Kahn, James: *Return of the Jedi,* New York, Del Rey 1983

Kasdan, Lawrence: *The Art of The Return of the Jedi,* New York, Ballantine 1983

Lucas, George: *Star Wars,* New York, Ballantine 1976

Mandell, Paul: *Cinfex,* Riverside, Don Shay 1980

May, John: *The Empire Strikes Back Collector's Edition,* Ridgefield, Paradise Press 1980

McKenzie, Alan: *The Harrison Ford Story,* London, Zomba Books 1984

Peecher, John Philip: *The Making of Return of the Jedi,* New York, Del Rey 1983

Pollock, Dale: *Skywalking,* New York, Harmony 1983

Sansweet, Stephen: *Tomart's Price Guide to Worldwide Star Wars,* Dayton, Tomart 1994

Slavicsek, Bill: *Guide to the Star Wars Universe,* New York, Random House 1994

Titelman, Carol: *The Art of Star Wars,* New York, Ballantine 1977

Weinberg, Larry: *Star Wars,* New York, Random House 1977

Register

Kursivierte Seitenzahlen verweisen auf Bildlegenden.

A

Abel, Robert 196
A Hard Day's Night 62
Alex in Wonderland 10
Allder, Nick 82
Amadeus 163
American Graffiti 10f, 19f, 22, 24f, 27, 44, 48, 54, 74, 162, 168f, 198
American Zeotrope 12
Anatevka (Fiddler on the Roof) 187
A Night at the Opera 174
Apocalypse Now 18
Arbogast, Annie 117
Ashley, Graham 42
Ashley, Ted 12
Auf der Flucht 172
Die Augen der Laura Mars (The Eyes of Laura Mars) 88
Autumn Lost (TV) 160

B

Badlands 10
Baker, Kenny 42, *57*, 60, 82, 117
Baldwin, Alec 172
Bang the Drum Slowly 10
Barry, John 42, 67, 104
Barton, Sean 117
Barwood, Hal 50, 199
Battlestar Galactica 198
Beddoes, Ivor 81
Ben Hur 72
Berg, Jeff 48
The Big Sleep (Tote schlafen fest) 84
Blade Runner 170
Blockbuster 9
Bloom, Jim 81, 117, 126, 146, 148
The Blues Brothers 17, 179
Boa, Bruce 82
Bocquet, Gavin 35
Body Heat 122
Bogdanovich, Peter 10, 12
Bowie, David 163
Boxcar Bertha 12
Brackett, Leigh 81, 84f, 122
Brown, Phil 42
Bryce, Ian 152
Bulloch, Jeremy 82, 117
Burtt, Ben 42, 81f, 117
Byrne, Eddie 42

C

Cantwell, Colin 54
Capra, Frank 16
Carpenter, John 88
Carrie 52, 72
Carter, Michael 117
Castaway 34
Chew, Richard 42, 72
Close Encounters of the Third Kind (Unheimliche Begegnungen der dritten Art) 187
Coburn, James 166
Colley, Kenneth 82, 117
Conan the Barbarian 25
The Conversation 168
Coppola, Francis Ford 10, 12, 21, 23, 25, 34, 50, 53, 168ff
Corman, Roger 12
Cosby, Bill 160
Crowley, Dermot 117
Culver, Michael 82
Curtis, Tony 166
Cushing, Peter *16*, 42

D

Daniels, Anthony 42, *49*, 60, 82, 117
Darabont, Frank 35
Davenport, Claire 117
Davis, Warwick 117
Dead Heat on a Merry-Go-Round 166
De Laurentiis, Dino 120
Delusions of Grandma 180
Dementia-13 12
DeMill, Cecil B. 194
De Palma, Brian 10, 52, 72, 161, 176
… *die keine Gnade kennen* (Raid on Entebbe) 88
Dilley, Leslie 81
Dr. Strangelove 62
Dreyfuss, Richard 168, 170
Dune 120
Dunham, Duwayne 117
Dykstra, John 42, 70f, 188, 192–195, 197
Dynasty 168

E

Earthquake (Erdbeben) 187
Easy Rider 10f
Edlund, Richard 42, 71, 81, 117, 149, 192, 195–198

205

Edmonds, Mike 117
Eine Leiche zum Dessert (Murder by Death) 54
The Elephant Man 120, 163
Ellenshaw, Harrison 42, 82
Empire of the Sun 35
The Empire Strikes Back (Das Imperium schlägt zurück) 19, 22f, 30, 36, 74–82, 83ff, 88–92, 96, 98, 100, 102, 104–110, 118, 122, 124, 127, 131f, 141, 143, 170, 187, 192, 198, 202
Erdbeben (Earthquake) 187
E.T. the Extra-Terrestrial 19, 187
Eye of the Needle (Die Nadel) 120
The Eyes of Laura Mars (Die Augen der Laura Mars) 88

F

Fiddler on the Roof (Anatevka) 187
Fisher, Carrie 42, 53, 82, 90, 117, 137, 142f, 174–183, *175*, *177*
–, Filmographie 182f
Fisher, Eddie 174
Five Easy Pieces 10
Flammendes Inferno (Towering Inferno) 187
The Flash 163
Force Ten from Navarone 170
Ford, Harrison 16, 42, 53, 82, 90, 92f, 106f, 117, 137, *139*, 144, 162f, 165–173, *167*, *169*, *171*, 176
–, Filmographie 172f
Fox, Michael J. 171
Fox, William 23
Fraser, Shelagh 42
Freeborn, Stuart 42, 64, 81, 88, 117, 144
Friedman, Louis 146
The Frisco Kid 170

G

Ghostbusters 198
Glover, Julian 82
Godfather 10
Gone with the Wind 16
Greber, Bob 138
Guinness, Alec 42, *53*, 54, 58f, 82, 90, 117

H

Hagon, Garrick 42
Hamill, Mark 35, 42, 53, 59, 63, 82, 90, 102f, 117, 134, 138, 150, *159*, 159–164, *161*, 176
–, Filmographie 164
Hancock, John 10
Hannah und ihre Schwestern 179f
Hanover Street 170

Harry und Sally 180
Hatari 84
Hawks, Howard 16
Heaven's Gate 14, 18
Hemley, Drewe 42
Henderson, Don 42
Heroes 170
Herrmann, Bernard 184
Hirsch, Paul 42, 72, 81, 88, 104
Hitchcock, Alfred 96
Hollis, John 82
Hook 180
Hootkins, William 42
Hopper, Dennis 10f
Hume, Alan 116
Hunt for Red October 172
Huycks, Bill 58

I

Das Imperium schlägt zurück (The Empire Strikes Back) 19, 22f, 30, 36, 74–82, 83ff, 88–92, 96, 98, 100, 102, 104–110, 118, 122, 124, 127, 131f, 141, 143, 170, 187, 192, 198, 202
In Sachen Henry (Regarding Henry) 171f
Indiana Jones and the Temple of Doom (Indiana Jones und der Tempel des Todes) 27, 171
Indiana Jones und der Tempel des Todes (Indiana Jones and the Temple of Doom) 27, 171
Industrial Light & Magic 188–192, 193–198, 202f
Irene 174

J

Jäger des verlorenen Schatzes (Raiders of the Lost Ark) 19, 84f, 119, 122, 124, 170, 187, 198
Jason and the Argonauts 160
Jaws (Der weiße Hai) 16, 187
Johnson, Brian 81
Johnston, Joe 70, 82, 100, 192
Jones, James Earl 117
Jurassic Park 19, 32, 187

K

Kafka 35
Das Kartell 172
Kasdan, Lawrence 81, 84f, 88f, 101f, 116, 122, 124, 134
Katz, Gloria 58
Kaufman, Philip 24
Kazanjian, Howard 116, 122, 124, 127–131, 134, *136*, 136, 138, 148, 150, 152

Kershner, Irvin *80*, 81, *87*, 87–91, 98–104, 106, 120, *141*, 141
King Kong 160
Klaff, Jack 42
Korngold, Wolfgang 184
Kuran, Peter 188
Kurtz, Gary 41, 54, 56, 59, 63, 67f, 74, 81, 87–90, 92, 97f, 104, 118, 164, 193, 197

L

Ladd, Alan jr. 48, 51, 56, 66f, 72, 74, 198
Landis, John 17
Lang, Fritz 60
Lange, Harry 81
Last Action Hero 14
The Last Picture Show 10
Lautlos im Weltraum (Silent Running) 15, 192f
Lawson, Dennis 42, 82, 117
Legacy (Legacy – Das Vermächtnis) 120
Le Parmentier, Richard 42
Liston, Ian 82
Loving 88
Lucas, George 9–12, 17f, 20, *21*, 22, 24f, *26*, 27, 30ff, 34ff, 41, 43f, 48, 50, 52, 54, 56, 58, *59*, 60f, *61*, 63, 66–74, 81, 83, 85ff, 89f, 98, 100–106, 108f, 116, 118, *119*, 120, 122, 124f, 129, 132ff, *136*, 138, *139*, *141*, 141–144, *143*, 146ff, *149f*, 151, 153, 161ff, 168, 170, 174ff, 179ff, 185, 187f, 192ff, 198ff, 202
–, Filmographie 28f
Lucas, Marcia 42f, 72, 117, 144
Lynch, David 120

M

MacLaine, Shirley 180
Malcom, Christopher 82
Malick, Terrence 10
Marquand, Richard 101, 116, 120, 124, 134–143, *140f*, 147, *149*, 150f, 153
Mary Shelley's Frankenstein 14
Marzursky, Paul 10
Mather, George 71
Mayhew, Peter 42, 82, 117
McCallum, Rick 34f
McCrindle, Alex 42
McDiarmid, Ian 117
McInnis, Angus 42
McKenzie, Jack 82
McQuarrie, Ralph 42, 52, 54, 81, 88, 117, 188, 192, 198–203
Mean Streets 10f
Metropolis 60, 200
Milius, John 10, 12, 25
Mollo, John 42, 81, 88
More American Graffiti 124

Morton, John 82
Murder by Death (Eine Leiche zum Dessert) 54
Murphy, Eddie 171
Murren, Dennis 42, 71, 82, 117, 192

N

Die Nadel (Eye of the Needle) 120
National Lampoon's Animal House 17
Neal, Patricia 160
Nelson, Jim 189
1941 18
New-Hollywood-Gruppe 10ff, 17, 20, *21*, 48
New York, New York 72

O

Oldfield, Richard 82
Oz, Frank 82, 102

P

Pangrazio, Michael 117
Der Pate II 34
Patriot Games 172
Pennies From Heaven 34
Pennington, Michael 117
Phantom of the Paradise 10
Picker, David 48
Planet der Affen 162
The Planets 72
Poltergeist 19, 198
Portrait of a Teenage Alcoholic (TV) 160
Postcards from the Edge 178, 180
Prowse, David 42, 82, 117
Purvis, Jack 42, 82, 117

R

Rafelson, Bob 10
Raid on Entebbe (… die keine Gnade kennen) 88
Raiders of the Lost Ark (Jäger des verlorenen Schatzes) 19, 84f, 119, 122, 124, 170, 187, 198
Rain People 10
Ralston, Ken 117
Ratzenberger, John 82
Rauschgift (Stakeout on Dope Street) 87
Regarding Henry (In Sachen Henry) 171f
Remick, Lee 137
Return of the Jedi (Die Rückkehr der Jedi-Ritter) 19, 23, 25f, 30, 33, 110–119, 122, 124ff, 129, 131f, 134, 141, 143, 146ff, 181, 187, 202
Revill, Clive 82
Reynolds, Debbie 174

Reynolds, Norman 42, 81, 88, *93*, 116, 126, 137, 146f
Rio Bravo 84
Ritchie, Michael 10, 50
Robbins, Matthew 50, 199
Rocky 27
Rodgers, Aggie Guerard 117
Rodis-Jamero, Nilo 117
Rose, Tim 117
Rozsa, Nikolas 184
Die Rückkehr der Jedi-Ritter (Return of the Jedi) 19, 23, 25f, 30, 33, 110–119, 122, 124ff, 129, 131f, 134, 141, 143, 146ff, 181, 187, 202

S

Sara T. (TV) 160
Schindlers Liste 187
Schofield, Leslie 42
Schrader, Paul 122
Scorsese, Martin 10ff, 72, 122
Seaquest 163
Shampoo 174, 176
Shaw, Sebastian 117
Shawshank Redemption 35
Sheard, Michael 82
Sherak, Tom 34
Silent Running (Lautlos im Weltraum) 15, 192f
Sinden, Jeremy 42
The Singing Detective 34
Sister Act 180
Slezer, Will 53
Slipstream 164
Smile 10
Smith, Dan 148
Soap Dish 180
Spencer, Herbert W. 186
Spielberg, Steven 10, 12, 17, 20, 32, 187
Stakeout on Dope Street (Rauschgift) 87
Star Wars Special Edition 33, 33
Stears, John 42
Steiner, Max 184
Streep, Meryl 180
Die Stunde der Patrioten 172
Sugarland Express 10, 187
Surrender the Pink 180
Suschitzky, Peter 81
Sutherland, Donald 120

T

Targets 12
Tattersall, David 35
Tavoularis, Alex 54
Taylor, Femi 117
Taylor, Gilbert 42, *62*, 63, 66, 88

The Ten Commandments (Die Zehn Gebote) 194
The Texas Wheelers (TV) 160
This Is My Life 180
Thomas, Tony 187
THX 1138 23ff, 44, 124
Tippet, Phil 117, 144
Tomblin, David 142, 148, 151
Tomkins, Alan 81
Tote schlafen fest (The Big Sleep) 84
Towering Inferno (Flammendes Inferno) 187
The Trial of Lt. Calley 168
Trumbull, Douglas 192f
Tun, Terri 53
Twenty Thousand Leagues Under the Sea (20.000 Meilen unter dem Meer) 160

U

Under the Rainbow 180
Unheimliche Begegnungen der dritten Art (Close Encounters of the Third Kind) 187

V

The Voyage to the Outer Planets 192

W

Wagner, Richard 184ff
Walken, Christopher 53
Warner, Jack 10, 20
Watts, Robert 42, 68, 81, 88, 117, 126, 146
Waxman, Franz 184
Way Out West 174
Webb, Des 82
Weir, Peter 171
Der weiße Hai (Jaws) 16, 187
Welles, Orson 9
West, Kit 117
Westheimer, Joe 196
Who's That Knocking? 11f
Williams, Billy Dee 82, 117
Williams, John 42, 72f, 81, 88, 116, 184–187, *185*
The Wind and the Lion 10
Witness 171

Y

Young Indiana Jones Chronicles 34f, 180f

Z

Zanuck, Richard 16
Die Zehn Gebote (The Ten Commandments) 194
20.000 Meilen unter dem Meer (Twenty Thousand Leagues Under the Sea) 160